음악이 내게 가르쳐 준 것들

음악이 내게 가르쳐 준 것들

초판 1쇄 발행 2025년 9월 6일

지은이 민정준
그린이 박보은
발행인 원경란
기획 강병철
편집 양현숙
디자인 신병근, 선주리

펴낸곳 꿈꿀자유 서울의학서적
주소 제주특별자치도 제주시 국기로 14 105-203
전화 010-5715-1155(편집부), 070-8226-1678(마케팅부)
팩스 0505-302-1678
이메일 smbookpub@gmail.com
등록 2012.05.01 제2012-000016호

ⓒ 민정준, 2025
ISBN 979-11-87313-87-8 03810

- 이 책은 꿈꿀자유 서울의학서적이 저작권자와의 계약에 따라 발행한 것이므로 출판사의 서면 허락없이는 어떠한 형태나 수단으로도 이 책의 내용을 이용할 수 없습니다.
- 잘못된 책은 구입하신 서점에서 바꾸어 드립니다.
- 값은 표지에 있습니다.

음악이 내게 가르쳐 준 것들

민정준

꿈꿀자유

내게 음악을 가르쳐 주신 아버지와 어머니, 아내 명진,
그리고 유현, 정현, 세용, 민율에게 이 책을 바칩니다.

추천사　　　　　　　　　　　　예원학교 교장 첼리스트
　　　　　　　　　　　　　　　　　　　　　박경옥

　30년간 재직했던 한양대 음악대학의 제자, 유현이의 아버지 민정준 교수를 광주에서 처음 만났을 때, 나는 그분의 젊고 활기차고 꾸밈없는 친근함에 살짝 놀랐다. 학부형이라기보다는 뭔가 같은 종류의 사람과 함께 있는 것 같은 편안함을 느꼈다고나 할까.

　그 이후로 10년 가까운 세월이 지난 올해 봄, 화순전남대병원장으로 재직하고 계시는 민 교수의 이메일을 한 통 받았다. 그동안 병원 소식지에 연재해 온 음악에 관한 글들을 책으로 엮으시며 내게 추천사를 부탁하신다는 내용이었다. 나는 망설이지 않고 수락하며 어떤 내용의 글인지 샘플을 몇 편 보내 주십사고 부탁드렸다. 받아 본 글들은 음악인이 봐도 너무나 정확하게 고증되었고 과학적, 인문학적, 철학적으로 깊이 사유된 결과물이었다. 그리고 나는 무엇보다도 그분의 따뜻한 심성에 크게 흔들려 버렸다.

　결국 책에 실을 모든 글을 다 받아 읽고 난 후 나는 큰 고민에 빠졌다. 에세이집 출판을 축하하는 글을 쓰기가 이렇게 어려울 줄이야…. 여름의 한복판. 이제 책의 출판을 한 달도 채 남겨놓지 않은 시점에 할 수 없이 나는 멋진 추천사를 쓰고 싶은 마음을 포기하고 내가 왜 이렇게 글쓰기가 어려운지를 곰곰이 생각해 보았다.

　첫째, 나는 지금 과연 이 글에 추천사를 쓸 자격이 있나 하는 원초적 딜레마에 봉착해 있다. 《음악이 내게 가르쳐 준 것들》의 모든 글

에는 의사, 과학자, 바이올리니스트, 그리고 인문학과 철학 등 다양한 분야에 깊은 관심을 가지고 탐구하는 지식인의 모습이 고스란히 담겨 있다.

둘째, 이 분은 보기 드물게 순수한 사람이라는 생각이 든다. 멀티태스킹이 가능한 학자로서의 능력과 무관하게, 어린아이처럼 선입관 없는 감정이 어떤 방어막도 없이 활짝 열려 있다.

셋째, 이 분은 성실하고 부지런하며 사람과 동물, 모든 생명을 사랑하는 착한 마음씨의 소유자임에 틀림없다.

이것이 내가 민정준 교수의 에세이를 읽고 내린 결론이다.

어느 분야로 갔어도 마찬가지였겠지만 어린 시절 음악을 배우기 시작해 대학원까지 수학하며 내가 과연 이 일에 적합한 사람일까 하는 의심을 많이 가졌었다. 나이 들어가며 점점 더 음악인으로 사는 것이 어렵다고 느끼면서도 그럴수록 더욱 음악과 예술을 깊이 이해하고 사랑하고 감사하게 되었다.

어느 면에서나 내가 오히려 배울 점이 많은 민정준 교수의 에세이집에 추천사를 쓰다니 아이러니다. 쉽지 않았지만 덕분에 많은 것을 느끼고 한 걸음 더 앞으로 나갈 것이라고 마음을 정했다. 이제 내 인생을 더 즐기는 쪽으로….

인생을 풍요롭게 사는 모습을 선명히 보여준 민정준 교수께 감사한다. 이 책을 읽게 될 많은 분들도 나와 같은 생각을 하게 될 것이라 확신한다. 귀한 글을 세상에 내어주신 민 교수께 다시 한 번 축하 말씀을 드린다.

축하의 글　　　　　　　　서울대학교 의과대학 핵의학교실 명예교수
　　　　　　　　　　　　　　　　　　　　　정준기

고대 그리스 로마시대에서 바람직한 인간은 이성理性에서 생긴 올바른 지성知性과 선善한 의지意志를 함께 갖추어야 했다. 18세기에 이르러 감정感情도 기본적으로 중요한 심리활동으로 인정되어 진선미眞善美가 이상적인 인간을 대표하는 속성이 되었다. 나는 민정준 교수가 이런 진선미를 갖춘 gifted person이라고 감히 생각한다.

그는 전공분야인 핵의학계에서 지난 30여 년간 뛰어난 학문적 업적을 이루었다. 전공 의학 분야에서 일찍부터 독창적인 연구를 수행하여 범세계적으로 최고 수준 학술지인 《Nature》에 review article을 게재하기도 했다. 이를 바탕으로 여러 국내외 학회, 세계학회에서 회장, 집행위원장으로 활동하고, 전남대학교 연구부총장, 화순전남대학교병원장 등 행정 보직을 훌륭하게 수행하여 왔다. 한편, 민 교수는 어릴 때부터 바이올린을 배워 지역 음악콩쿠르대회에서 수상을 하고, 오케스트라와 협연을 하는 등 전문가 못지않는 수준의 연주가다.

이렇게 다재다능한 민 교수와 글쓰기에서 나와 새로운 인

연이 닿았다. 그가 병원 잡지에 음악에 관한 칼럼을 연재하기로 한 것이다. 수필집을 출간한 경험이 있는 나는 약간의 도움을 주면서 그의 음악 이야기에 점차 흥미를 갖게 되었다. 첼리스트인 여성과 결혼하고 두 딸에게도 현악기를 가르쳐 온전한 음악 가족이 되어 살아온 이야기, 바쁜 의학도와 의대 교수 생활에서도 지켜온 의대 관현악반의 회상 등……

이제는 서양 고전음악 연주자에서 애호가로 변신하였지만 음악은 더욱더 민 선생의 삶을 풍성하고 가치 있게 해주고 있다. 이 책자는 국내외 음악가의 진솔한 삶과 작품에서 진선미를 갖춘 그가 느끼고 배운 내용이다. 독자 여러분은 "예술 분야에서 음악이 가장 감성에 큰 영향을 준다"는 말을 실감할 수 있을 것이다.

나는 민정준 교수의 뛰어난 인성에 접할 수 있게 된 것을 행운으로 여기고, 그 인연에 깊이 감사한다.

축하의 글   전남대학교 의과대학 핵의학교실 명예교수
범희승

음악의 미학
민정준 교수의 에세이집 출판을 축하하며

민정준 교수의 부친과 나의 선친은 광주서중학교에서 나란히 걸었던 벗이었고, 덕분에 나는 민 교수를 어린 시절부터 곁에서 지켜볼 수 있었다. 그는 일찍이 바이올린에 특별한 재능을 드러내었고, 나는 그 섬세하고 아름다운 음색을 들을 때마다 은근한 부러움을 감추지 못했다. 시간이 흘러 우리는 전남대학교 의과대학에 진학하여 의대 음악회 무대 위에서 여러 차례 함께 연주할 기회를 가졌다. 그의 음악적 이해는 유난히 깊어서, 관현악반 어느 누구보다도 단연 빛나는 존재였다. 그의 연주 솜씨는 음악을 전공한 이들과 견주어도 손색이 없었고, 그는 실제로 광주실내악단에서 음악 전공자들과 어깨를 나란히 하며 활동하기도 했다.

최근 몇 년간 민 교수는 '음악이 내게 가르쳐 준 것들'이라는 제목 아래, 여러 편의 에세이를 발표해 왔다. 나는 그 글들

을 꼼꼼히 읽어보며, 그가 음악뿐 아니라 문학에서도 탁월한 감수성을 지니고 있다는 사실에 감탄했다. 예술적 재능이 한 사람 안에서 이토록 조화롭게 어우러질 수 있는 것일까? 더구나 그는 뛰어난 논문을 다수 발표한 세계적 의과학자이기도 하다. 하나의 영혼이 이처럼 다양한 빛깔로 세상을 비출 수 있는 이유는 과연 어디에 있을까?

문득 아인슈타인이 떠오른다. 그는 과학의 언어로 우주의 비밀을 풀어낸 이였지만, 동시에 바이올린의 선율로 내면의 우주를 연주한 이였다. 아인슈타인은 음악이 사고 과정에 결정적인 역할을 했다고 고백한 바 있다. 복잡한 물리 이론의 미궁 속에서, 그는 바이올린의 리듬과 음률 속에서 집중력을 다지고 창의력을 끌어올렸다. 음악을 통한 직관이 과학적 통찰로 이어지는 순간들이 아인슈타인에겐 흔한 일이었다. 민 교수 역시 우리 가까이에서 이러한 융합적 지성을 증명하는 존재이다.

그는 '의대음악회'라는 글에서 마르쿠제의 '미적 차원'을 인용하며, 예술이 해방적 상상력을 자극한다고 썼다. 나에게도 피로와 긴장의 연속인 병원 일상 속에서, 음악은 단순한 취미를 넘어 삶의 본질을 마주하는 하나의 방식이었다. 나는 관현악 지도교수로서 학생들과 함께 연습하고 무대에 오르며, 학생들에게 어떤 메시지를 전할 수 있을지를 끊임없이 고민했는데, 결국 쇼펜하우어의 미학 속에서 그 고민의 해답을 찾았다. 쇼펜하우어는 음악이 인간의 감정과 우주의 본질을 가장 직접적으로 표현하는 예술이라 하였다. 그 말은 나의 체험 속에서 진실로 다가왔다.

청각은 모든 감각 중 뇌에 가장 직접적으로 영향을 주며, 청력을 잃은 이는 치매에 걸릴 위험이 높다는 의학적 사실도 이를 뒷받침한다. 태아 교육에서 모차르트 음악이 효과적이라는 연구나, 말 못 하는 유아가 자장가를 들으며 평안을 얻는다는 사실을 보면, 음악은 생명의 깊은 층위에 닿아 있는 언어임을 알 수 있다. 나는 생명이 위태로운 상황 속에서도 의사가 평정을 유지하고 환자에게 안정감을 줄 수 있으려면, 예술적 관조가 반드시 필요하다고 믿는다. 깊은 명상이 주는 평화처럼, 음악을 통한 몰입은 삶의 긴장과 고통에서 잠시나마 해방될 수 있는 공간을 제공한다.

  하지만 연주를 통한 관조가 가능하기 위해선 일정 수준의 기술이 뒷받침되어야 한다. 그래서 나는 학생들에게 연습의 중요성을 강조했고, 더 나아가 앙상블의 일원으로서 타인의 연주에 귀를 기울이고 조화를 이루는 훈련을 게을리하지 않도록 독려했다. 이는 단지 음악에만 해당되는 일이 아니었다. 환자를 돌보는 일도 마찬가지다. 뛰어난 의사 혼자의 역량으로는 완벽한 치료가 불가능하다. 의료진 모두의 하모니, 곧 팀워크가 필수적이기 때문이다.

  나는 1980년, 광주민주화운동이 벌어지던 그해, 본과 3학년으로 병원 실습을 하던 중이었다. 이후 이 땅의 민주주의는 수많은 희생과 열망을 통해 오늘에 이르렀고, 우리는 촛불혁명이라는 위대한 시민의 승리를 통해 세계 속에 민주국가로 우뚝 섰다. 그러나 최근, 또다시 계엄령의 그림자가 드리우는 듯한 사회 현실을 보며 마음이 무거웠다. 다행히 헌법재판소가 윤석열 대통령의 탄핵을 만장일치로 인용함으로써 정국은 일단락되었지만, 우리 사회는 여전히 이념의 극단으로 분열되어 있다. 이 상황에서 누군가는 개헌을, 또 다른 이는 내란죄 처벌을 외치고 있다.

 이 갈등의 시기를 넘어서기 위해, 우리가 진정으로 회복해야 할 것은 바로 '예술적 관조'의 힘이라고 나는 믿는다. 많은 이들이 음악을 통해 자신을 돌아보고, 타인을 이해하며, 더 깊은 평화와 연대의 감각을 회복할 수 있는 사회가 되어야 한다. 예술은 일상의 바다 속에서 작은 등불이 되어, 인간의 내면을 비추고 치유하는 힘을 지닌다. 그중 음악은 가장 순수하고도 직접적인 예술이다. 악기를 다루지 않더라도, 좋은 음악을 듣는 것만으로도 우리는 깊은 정화와 감동을 경험할 수 있다. 그 한순간의 울림이 삶을 붙잡고 있는 실마리가 되기도 한다.

 요즘 K팝은 세계를 무대로 폭발적인 인기를 누리고 있고, 트롯은 세대를 넘어 사랑받고 있다. 클래식계에서도 조성진, 임윤찬과 같은 젊은 연주자들이 세계를 감동시키며, 한국 음악의 새로운 지평을 열어가고 있다. 이들은 단순한 연주자가 아니라, 감성과 지성, 기술과 철학을 함께 품은 진정한 예술인들이다.

    결국 음악은 개인을 치유하는 힘을 넘어, 사회 전체를 안정시키고 화해로 이끄는 가능성을 품고 있다. 우리가 음악을 통해 서로의 마음을 헤아릴 수 있다면, 이 분열의 시대 속에서도 우리는 다시금 따뜻하고 평화로운 공동체로 나아갈 수 있을 것이다. 음악을 통해 우리 사회의 평화가 더 굳건해지기를 바라는 마음은 단지 음악을 사랑하는 한 개인의 소망에 그치지 않는다. 그것은 우리가 함께 추구해야 할 미래이며, 모두를 위한 예술의 길이다.

차례

추천사와 축하의 글 6

프롤로그 18

음악으로의 초대
· 나의 바이올린 선생님 29
· 박수는 언제 쳐야 하나요? 34
· 공연이 끝난 뒤 41
· 최고의 교향곡 46
· 한국인의 음악 DNA 53

음악과 마음의 공명
· 혹독한 위기에 피어나는 꽃—제2차 세계대전 중 레닌그라드 63
· 음악이 주는 형이상학적 공명 71
· 고래의 노래 77
· 왕을 비웃은 음악가 82
· 쇼스타코비치를 위한 변명 90

말러를 생각하며
· 우주의 탄생과 인간의 구원—말러 교향곡 3번 99
· 천년의 교향곡—말러 교향곡 8번 107
· 버디가 남기고 간 사랑과 음악 115
· 말러의 무덤가에서 122

음악이 내게 가르쳐 준 것들

- 위대한 조역, 제럴드 무어 133
- 50대에 시작한 새로운 도전, 레너드 번스타인 140
- 평생에 걸친 노력, 파블로 카잘스 145
- "아름답게, 눈물이 날 만큼 아름답게" 모차르트의 미소 153
- 베토벤을 성장시킨 독일의 도시 본 159
- 늙은 세상에 너무 젊게 태어난 음악가 — 에릭 사티 166

위대한 유산

- 음악을 들을 줄 안다는 것 175
- 송창식의 미소 183
- 노래로 시대를 새긴 거인, 김민기 191
- 임윤찬과 연결된 세상 197
- 천재의 고립된 인생 208
- 안녕 Sam! 219

내 인생 최고의 음악회

- 내 인생 최고의 음악회 233
- 노(老) 지휘자의 마지막 콘서트 244
- 바르셀로나에서 만난 바이올리니스트 250
- 하델리히와 보낸 3박 4일 258
- 빈 필, 그 보수적인 자유로움 267
- 의대음악회 277

에필로그 285

프롤로그

좋아하는 음악이 들려오는 순간, 내 뇌는 조용히 반응하며 마음을 움직이기 시작한다. 중뇌의 복측피개부 ventral tegmental area에서 도파민이 분비되어 측좌핵 nucleus accumbens 같은 보상 중추를 자극하고, 쾌감과 감동을 일으킨다. 뇌의 편도체 amygdala는 음악 속 슬픔과 기쁨의 색채를 해석해 정서적 울림을 만들고, 감동이 깊어지면 시상하부 hypothalamus가 교감신경계를 깨워 심박 변화와 혈류 조절, 때로는 피부 소름을 일으킨다. 말러의 교향곡처럼 불협화음이나 급격한 리듬, 반전된 조성이 나타날 때는 전전두엽 prefrontal cortex이 반응해 기대와 예측을 뒤흔들고, 감정은 더욱 거세게 요동친다. 감동은 해마 hippocampus를 거쳐 기억에 새겨지고, 훗날 어떤 순간, 과거를 환기시키는 단서가 된다. 또한, 내가 좋아하는 연주자나 음악가와 감정적 일체감을 느낄 때는 거울신경계 mirror neural system가 작동하여 공감의 다리를 놓는다. 이처럼 음악은 쾌감과 감동, 기억, 공감의 과정을 통해 내 안에 깊이 새겨지며, 나는 음악을 단순히 감상하는 데 머무르지 않고, 그 안에서 삶을 돌아보고 존재를 조심스럽게 성찰하려는 마음을 키워 나가게 되었다. 그렇게 음악은 내 정신을 조금씩 성장시키는 토대가 되어 주었다.

바이올린은 내게 모태 신앙 같은 존재였다. 지금도 또렷이 기억나는 장면이 하나 있다. 어린 나를 품에 안고 계시던 어머니는 텔레비전 화면 속 바이올리니스트―당시에 MBC방송국 관현악단의 수석이었던 김동석 선생이 자주 출연했다―를 가리키며, "초등학교에 입학하면 저 악기를 배우자"고 말씀하셨다. 그때의 나는 무대 조명에 반사되어 반짝이는 호른이나 트럼펫이 바이올린 보다 훨씬 멋있어 보였지만, 아마도 어머니는 나를 김영욱, 정경화처럼 세계적인 바이올리니스트로 키우고 싶으셨던 것 같다. 아버지 또한 의대 시절 바이올린을 잘 켜던 친구를 부러워하셨는데, 어렵게 값싼 바이올린을 구해서 친구에게 배우기 시작했지만 너무 힘들어 금세 포기하셨다고 했다. 어릴 적 내가 놀던 옥탑방 한쪽 구석에는, 바로 그 바이올린이 고장 난 채로 놓여 있었다.

초등학교에 입학하자마자 바이올린을 배우기 시작했다. 처음 1년은 학교 합주부에서 배웠고, 2학년부터는 개인레슨을 받았다. 처음엔 함께 시작한 친구들이 꽤 있었지만 대부분 중도에 그만두었고, 나는 싫증을 내지 않고 꾸준히 배웠다. 초등학교 2학년 때 조선대 콩쿠르에서 2등을 수상했고, 3학년과 6학년 때는 호남 지역 최대 음악 대회였던 '호남예술제' 바이올린 부문에서 최우수상을 수상했다. 6학년 때는 광주실내악단과 모차르트 바이올린 협주곡 5번을 협연하기도 했다.

중학교에 진학한 후에는 '공부를 해야 한다'는 이유로 연습과 레슨을 게을리했다. 대신 아버지께서 사주신 클래식 음악 전집 카세트 테이프와 작고 조촐한 재생기가 나의 새로운 친구가 되었다. 마침 광주에서도 KBS FM 방송이 시작되었고, 나는 라디오를 통해 본격적으로 음악 감상을 즐기기 시작했다. 그 무렵 시내 레코드가게에서 자주 보이던 사진 속의 인물 헤르베르트 폰 카라얀Herbert von Karajan을 '카라잔'이 아니라 '카라얀'이라 부른다는 것도 처음 알게 되었다. 고등학생이 되면서 집에 처음으로 오디오 기기가 생겼다. 집에 있는 LP나 친구의 LP를 빌려와 듣고, 집 앞 레코드 가게를 드나들며 음악 감상의 세계를 넓혀 갔다. 그렇게 내 음악 취미는 연주 중심에서 감상 중심으로 옮겨갔다.

 대학에 진학해서는 의대관현악반과 광주실내악단에 가입했다. 의예과 2년 동안은 의학 공부보다 음악 활동에 더 많은 시간을 쏟았다고 해도 과언이 아니다. 이 시기에 광주실내악단에서 첼로를 연주하던 아내를 처음 만났고, 우리는 음악을 매개로 사랑에 빠졌다. 음악을 전공한 아내 덕분에 나는 음악에 대한 정보와 지식을 한층 더 풍부하게 쌓을 수 있었고, 유명 연주자와 지휘자의 이름을 알게 되었으며, 여러 장의 음반을 선물 받았다. 〈월간 객석〉, 〈음악동아〉 같은 음악 잡지를 즐겨 읽었고, 〈음악동아〉의 편집장 이순열 선생님이 쓴 음악 수필을 탐독하며 음악과 문학을 함께 맛보았다.

 광주실내악단에서의 활동은 의예과 시절로 마무리되었고, 본과에 들어선 후에는 의대관현악반 활동에 몰두했다. 선배들의 격려와 신뢰 속에 나는 협연자, 악장, 지휘자의 역할을 맡았고, 때때로 실내악 연주에도 참여했다. 매년 9월 말 열리던 〈의대음악회〉는 나에게 중간고사나 기말고사만큼이나 중요한 행사였다. 음악회가 끝나고 나면 왠지 모를 허전함에 젖어 깊어 가는 가을을 힘겹게 보내곤 했다.

　그렇게 나의 젊음은 늘 음악과 함께 흘러갔다. 결혼을 하고 아이를 낳고, 전공의 수련을 마친 뒤에는 미국으로 유학을 떠났다. 큰 딸이 음악에 특별히 민감하게 반응하자, 나와 아내는 절대 음감이니 상대 음감이니 하며 아이의 미래를 음악으로 향하게 했다. 그렇게 유현이는 첼로를 전공했고, 둘째 정현이는 바이올린을 배웠다. 아내는 미국에서도 첼로 실력을 인정받아 대형 교회의 오케스트라에서 유급 단원으로 활동했고, 콘서트는 물론 영화음악 녹음, 종교행사 ―기독교뿐 아니라 유대교 행사― 등 다양한 무대에 섰다. 덕분에 우리 가족도 음악이 가족에게만 허락된 특별한 경험들을 함께 누릴 수 있었다.

　음악에 관한 글쓰기는 의과대학 교수가 되어 관현악반 지도교수를 맡으면서 시작되었다. 매년 열리는 〈의대음악회〉와 〈관현악반 정기연주회〉의 팜플렛에 들어갈 환영사를 쓰게 되었는데, 상투적인 인사말이 싫어 연주되는 곡들에 의미를 부여하고 관객과 학생들에게 메시지를 전달하려 애썼다.

2008년에는 의대음악회 50주년 기념문집 〈의대음악회 반세기〉에 수필을 쓰게 되었고, 그때 처음으로 '언젠가 음악 수필을 써보고 싶다'는 생각을 품게 되었다. 하지만 그 무렵 나에게 글쓰기란 연구계획서와 논문을 쓰는 것이 대부분이었다.

2018년 병원 의생명연구원장으로 임명되면서 연구 관련 소식지를 창간했다. 원고를 모으는 데 어려움을 겪는 직원들을 돕기 위해 직접 고정 칼럼을 맡았다. 어떤 주제로 글을 쓸지 고민하다가, 오래전부터 생각만 해오던 음악 이야기를 풀어 보기로 했다. 그렇게 시작한 연재가 〈음악이 내게 가르쳐 준 것들〉이다. 3개월에 한 번씩 연재한 글은 어느덧 서른 편을 넘어섰고, 은사이자 글쓰기의 스승이신 정준기 교수님의 감수와 격려 덕분에 비로소 글쓰기에 재미를 붙일 수 있었다.

돌아보면, 음악은 내게 참 많은 것을 안겨주었다. 천재 음악가들의 비범하지만 파란 많은 삶을 통해 인생의 본질을 조금은 더 깊이 이해할 수 있었고, 그들이 음악을 창조하던 시대적 맥락 속에서 역사를 통찰할 수 있는 눈도 조금이나마 갖게 되었다. 음악이 만들어 준 나의 가족은 서로에게 사랑과 행복의 호르몬을 불러일으키고, 일상의 조화를 이루는 공명을 만들어 주었다. 오십 년 가까이 음악과 학업을 병행하며 익숙해진 '멀티태스킹'은 대학과 병원에서 주어진 다양한 역할들을 다소나마 감당하는 데 도움이 되었다. 음악을 통해 만난 스승, 선후배, 그리고 친구들은 나의 인생에서 가장 소중한 동반자이자 버팀목이었다. 내가 핵의학을 전공하게 된 데에도 관현악반에서 만난 범희승 교수님과의 인연이 깊게 작용했다. 학창 시절, 오보에 주자를 구하지 못해 클라리넷으로 대체했던 경험은 다양한 악기 구성의 중요함을 체감하게 해 주었고, 그것은 병원과 대학, 그리고 사회 속 다양한 직종의 중요성을 이해하는 바탕이 되었다. 음악이 내게 가르쳐 준 것들을 어찌 이 지면에 다 담을 수 있겠는가!

   나는 어린 시절부터 악기를 다루었지만, 음악이론에 대한 지식은 지극히 얕다. 화성악과 대위법 같은 음악이론을 체계적으로 공부한 적이 없기에 복잡한 악곡을 분석하거나 해석할 능력은 부족하다. 다만 음악을 들으면서 그 음악에 얽힌 이야기를 찾아서, 그 시대의 맥락을 함께 알아보고자 했을 뿐이다. 이 책은 60년 인생을 음악과 함께 걸어온 사유의 여정이다. 글을 쓰는 동안, 인간의 탐욕과 무지가 불러온 기후 변화와 환경 파괴는 더욱 심각해졌고, 그로 인해 촉발된 코로나 팬데믹을 비롯해 비상계엄과 대통령 탄핵 같은 시대적 굴곡을 함께 겪었다. 미래에 대한 희망이 쉽게 움트지 않는 시대이지만, 내 삶과 함께한 음악은 언제나 나를 일으켜 세우고, 위로하고, 새로운 길을 보여주었다. 음악이 내게 가르쳐 준 이야기들을 이제 조용히 꺼내어 보려 한다.

음악으로의 초대

말이 닿지 못하는 곳에
음악이 말을 건넨다.

한스 크리스티안 안데르센 Hans Christian Andersen

나의 바이올린 선생님

내게 바이올린을 처음 가르쳐 주신 분은 당시 광주 수창초등학교 합주부를 담당하시던 박순애 선생님이셨다. 선생님은 당시 호남 유일의 대학 음악과를 수석 졸업하시고 음악 교과 교사 자격증을 취득한 뒤, 광주시향의 전신인 광주시민교향악단에서 바이올린 주자로 활동하고 계셨다. 음악을 각별히 사랑하셨던 선생님께서는 외동딸을 바이올리니스트로 키우셨고, 조카 역시 광주시향의 바이올린 연주자이면서 전남의대 관현악단의 음악감독으로 활동하고 있다.

선생님은 교육에 대한 열정이 대단한 분이셨다. 연습을 소홀히 하면 불호령이 떨어졌고, 눈물을 쏙 빼도록 혼이 나기도 했다. 그러나 준비가 잘 되어 있을 때는 친이모처럼 다정하게 칭찬해 주셨다. 콩쿠르를 준비할 때는 주말은 물론 소풍날에도 선생님 댁에서 하루 종일 연습했다. 하루는 연습 도중 잠시 휴식시간을 주셔서, 학교 근처에 놀러갔다가 번데기를 사 먹었는데, 배탈이 나서 크게 고생한 적도 있었다.

초등학교 3학년 때 호남예술제에 출전하기 위해 맹연습에 돌입했다. 선생님께서는 1년 전 조선대 콩쿠르에서 2등을 한 것을 무척 안타까워하셨고, 이 대회에서 반드시 1등을 하자며 의지를 불태우셨다. 당시 선생님의 어린 딸이 많이 아파서 병원에 입원해 있었는데도, 콩쿠르를 앞둔 나를 위해 매일 병실에서 레슨을 해 주셨다. 그때의 기억이 아직도 생생하다. 레슨 도중 간호사가 병실로 들어와 아이에게 시끄럽다며 만류했지만, 선생님은 단호하게 말씀하셨다. "우리 아이는 내 뱃속에 있을 때부터 이 소리를 듣고 태어났어요. 아무 문제없습니다." 나는 아마 그때 처음으로 상대방에게서 강한 열정을 느꼈던 것 같다. 얼마나 힘들게 연습을 했던지, 지금도 비발디 〈화성의 영감〉 중 바이올린 협주곡 6번 1악장의 아름다운 선율을 들을 때면 가슴이 뭉클해진다.

호남예술제에서 1등을 차지한 후, 선생님은 특별한 선물을 주셨다. 바로 일주일간의 레슨 휴가였다. 달콤한 휴식을 마치고 약속된 레슨 시간에 맞춰 선생님 댁을 찾았다. 문을 열어 주신 가사도우미 아주머니께서 어두운 표정으로 말씀하셨다. "오래 아프던 선생님 딸, 수산나가 며칠 전 세상을 떠났단다. 당분간 레슨은 어려울 테니 선생님께서 연락을 주실 때까지 기다리렴."

어린 마음에 큰 충격을 받았다. 내가 무슨 잘못을 한 것처럼 너무나 미안한 마음이 들었다. 집으로 돌아와 병실에서 레슨을 받던 기억을 떠올렸다.

'왜 선생님은 딸이 그렇게 아픈데도 병실에서까지 내게 레슨을 해 주셨을까?'

나는 어렴풋이 깨달았다.

'선생님이란 존재는 무슨 일이 있어도 학생 가르치는 일을 게을리해서는 안 되나 보다.'

그때부터 지금까지 이 생각은 내 머릿속에 남아 있다.

음악을 통해서 얻은 경험들은 지금도 내게 큰 교훈이 된다. 의대 교수들은 대학과 병원에서 교육·연구·진료의 세 가지 임무를 수행한다. 세 가지를 균형있게 해내는 것은 쉽지 않다. 진료나 연구에 집중하는 교수들은 교육에 소홀하기 쉽지만, 교수의 첫 번째 임무는 교육이다. 천재 물리학자 리처드 파인만은 노벨상을 수상할 정도로 훌륭한 연구자였지만 해마다 캘리포니아 공대 학부생들을 위해 열정적으로 물리학을 강의했다. 그의 강의를 엮은 〈파인만의 물리학 강의〉는 '파인

초등학교 6학년 어느 봄날, 나는 광주실내악단과 협연을 했다.

그 시절 함께 연주했던 선배들은

내게 음악의 길을 밝혀주는 이정표가 되어주었다.

어린 시절의 나를 따뜻하게 품어주던 그들의 선율과

익살스럽던 미소는, 지금도 마음 한 켠에 남아 있다.

만의 빨간책'이라는 애칭과 함께 수십 년 동안 베스트셀러로 사랑받고 있으며, 국내에도 번역판이 나와 있다. 교수가 새로운 지식과 기술을 열심히 연구하는 것이 당연하듯 후속세대를 양성하는 교육 역시 그만큼 중요하다. 그러나 바쁜 일상 속에서 이 사실을 쉽게 잊곤 한다. 그럴 때마다 나는 박순애 선생님을 떠올린다.

박수는 언제 쳐야 하나요?

    클래식 연주회장에 가면 몇 가지 지켜야 할 격식이 있어, 여기에 익숙하지 않은 사람들은 어색함을 느끼곤 한다. 유럽의 음악이 주로 종교, 왕실 또는 귀족 사이에서 발전했기에 자연스럽게 생겨난 전통일 것이다. 유럽에서는 연주회에 정장을 입고 참석하는 경우가 흔하지만, 우리나라는 비교적 자유로운 편이다. 다만 연주를 관람할 때는 최대한 소음을 자제해야 한다. 휴대폰이 울리거나 옆 사람과 대화하는 것은 물론이고, 기침하거나 팸플릿을 소리 내어 넘기는 행동조차 예절에 어긋난다. 이는 클래식 음악이 단순히 오락 목적이 아니라 당대 최고 작곡자들의 시대적 성찰과 인문학적 사상이 담긴 예술이기 때문이다. 또한 오랜 시간 각고의 노력을 기울여 닦은 실력과 해석을 보여주는 연주자에 대한 존중의 마음도 담겨 있다.

  클래식 연주회장에서 가장 흔히 느끼는 궁금증 중 하나는 '언제 박수를 쳐야 하는가?'라는 것이다. 박수는 우리가 연주를 즐기고 존중한다는 표시이지만, 음악가가 충분히 능력을 발휘하도록 배려하는 것도 중요하다. 일반적으로 곡이 끝났을 때 박수를 치는 것이 원칙이다. 곡이 여러 악장으로 구성되어 있다면 각 악장 사이에는 박수를 치지 않고, 모든 악장이 다 끝난 뒤에 박수를 친다. 하지만 연주가 예상보다 훌륭하면 종종 악장 사이에도 박수가 나오는 경우가 있다. 오페라는 조금 더 복잡해서 막이 끝날 때나 서곡, 간주곡, 주인공 가수의 아리아가 끝날 때 박수가 나오곤 한다. 이렇게 복잡한 규칙들 때문에 클래식 음악회에 처음 온 관객은 옆 사람 눈치를 보며 소극적으로 박수를 치거나 아예 박수를 치지 않기도 한다. 아마추어 연주회에 가보면 관객 수에 비해 박수 소리가 작을 때가 있는데, 이것 역시 박수를 칠 타이밍을 몰라 불안해하는 관객이 많은 경우일 것이다.

  그렇다면 클래식 연주회에서는 왜 박수마저 절제해야 할까? 음악은 순간의 예술이다. 한번 생성된 소리는 주워 담을 수가 없다. 연주자들은 무대에서 모든 능력을 동원해 집중하기 때문에, 공연의 몰입을 방해하지 않도록 관객들이 배려해야 한다. 마치 배우가 연기할 때나 골프선수가 샷을 준비할 때, 양궁 선수가 활을 쏘기 직전에 관객들이 숨을 죽이고 기다리는 것과 같다. 연주가 끝나기 전에 터져 나온 성급한 박수는 음악을 훼손하고 연주자에게 큰 방해가 될 수 있다. 그러므로 연주회 전에 곡의 흐름을 미리 알아 두는 것이 좋다.

성급한 박수가 음악을 망친 대표적인 사례가 있다. 1990년 구 소련의 레닌그라드 필하모닉(현 상트페테르부르크 필하모닉) 오케스트라의 최초 내한 공연 때였다. 당시 서울 세종문화회관에서 연주된 차이코프스키 교향곡 6번 〈비창〉의 마지막 악장에서 사건이 벌어졌다. 이 곡은 다른 교향곡과 달리 비통한 저음이 길게 늘어지며 우울하고 어둡게 끝난다. 지휘자 유리 테미르카노프가 지휘봉 없이 맨손으로 마지막 비통한 울림을 온전히 표현하기 위해 혼신의 힘을 기울이고 있을 때, 음악이 끝난 줄 알았던지 몇몇 관객이 성급하게 '브라보!'를 외치며 박수를 쏟아냈다. 장례의 종소리를 상징하는 팀파니의 잔향이 공연 홀 구석구석에서 채 사라지기도 전에 박수 소리에 묻혀버렸고, 화가 난 지휘자는 인사도 없이 무대를 떠나버렸다. 커튼콜이 계속 이어졌지만 지휘자는 끝내 무대에 나타나지 않았다. 이렇게 성급한 박수는 음악을 심각하게 훼손할 수 있다.

반면, 박수의 절제로 감동을 극대화한 명연주도 있다. 2010년 8월 20일 스위스 루체른 페스티벌 오케스트라가 연주한 말러 교향곡 9번이 그 예다. 지휘자 클라우디오 아바도는 그동안 쌓은 명성과 인맥을 바탕으로 유럽 최고의 연주자로 구성된 루체른 페스티벌 오케스트라를 창단했다. 단원들은 독주자 또는 다른 오케스트라의 수석단원들로서 각자 일정이 매우 바빴지만, 아바도의 '소리'를 구현하기 위해 해마다 8월이면 한 달씩 루체른에 모여 연주회를 열었다. 루체른 음악축제의 음악감독이던 미하엘 헤플리거는 해마다 200만 스위스 프랑(우리 돈으로 23억원 정도)을 루체른 페스티벌 오케스트라를 위해 투자했다.

말러 교향곡 9번의 피날레는 모든 교향곡 가운데 가장 느리고 감정적으로 고된 부분이다. 음악평론가 톰 서비스의 묘사를 인용해 본다.[*]

악보의 마지막 페이지를 보면, 더 조용하고 더 느리게 연주하라는 표기에 따라 앞선 30분 동안 이어지던 선율의 울림이 점점 가늘어져서 거미줄이 되고, 결국에는 양자 quantum 수준으로 음악적 재료가 증발하는 것을 볼 수 있다. 브루노 발터와 레너드 번스타인은

---

[*] 톰 서비스, 『마에스트로의 리허설』, 아트북스(2013)

이 작품을 생에 대한 말러의 단단한 집착, 마지막 순간까지 음악을 침묵에 넘기지 않겠다는 결의의 표현으로 이해하고 연주했다. 연주자들에게 작품에 대한 단서를 더 주기라도 하듯 맨 마지막 마디에 보면 ersterbend (죽어감)이라고 표시되어 있다.

이 작품은 연주자나 청중 가운데 단 한 명만 집중력이 흐트러져도 섬세하게 짜 맞춰진 음악이 망가질 수 있다. 더구나 한 시간 반이 넘는 긴 연주 시간 동안 연주자들은 극도로 지쳐 있는 상태이고 마지막 '죽어감'의 피날레를 만들기 위해 필사의 노력을 기울여야 한다. 이 교향곡의 최후의 울림을 만들어 내는 현악기 연주자들은 활의 떨림이 그대로 표출될 수도 있어 극도의 긴장 상태에서 말 그대로 소리와 침묵 사이의 전쟁을 벌인다.

그날 루체른 공연이 끝났을 때, 청중과 음악가들은 한동안 정지해 있었다. 화면이 정지해 버린 게 아닌가 착각할 정도였다. 비올라와 바이올린의 통렬한 마지막 울림의 여운이 남아 있는 동안 아바도의 지휘봉은 그의 목 근처에서 멈추고, 왼손이 그린 작은 원이 사라진다. 그 순간 동작을 멈춘 아바도는 한 시간 반의 사투에 지친 듯 두 눈을 질끈 감는다. 그가 서서히 지휘봉을 내리고 두 손을 앞으로 공손히 모으고 있는 동안에도 오케스트라 단원들은 여전히 악기를 내리지 않고 한참을 정지해 있었다. 단원 모두가 악기를 내린 후에도 한동안 침묵과 정지는 계속되고, 이윽고 아바도의 온몸을 감싸던 긴장감이 풀리자 객석에서 박수가 터져 나오기 시작했다. 침묵은 마지막 음이 끝나고 약 3분 동안 계속되었다.

  이 순간은 마치 관객과 연주자가 함께 죽음의 세계로 떠났다가 다시 소생한 듯했다. 소생한 관객들은 전원 기립하여 우레와 같은 박수를 치기 시작했다. 우는 사람도 있었다. 아바도는 시종일관 무대를 드나들며 빗발치는 커튼콜에 화답을 했고, 무대 위의 오케스트라 단원들은 서로 악수하고 포옹하며 감동을 나누었다. 연주자들이 모두 퇴장하고 텅 빈 무대를 향해 계속 박수 세례를 퍼붓는 관객들에게 아바도 혼자 무대에 나와 손을 흔드는 장면까지 보면서 이 음악홀에서만큼은 모든 사람들의 마음이 하나로 연결되는 기적이 일어나는 것을 볼 수 있었다. 이쯤에서 독자들에게 궁금증이 생길 만하다. 어떻게 이 연주회를 이리 자세히 알고 있는지? 직접 가서 보았냐고? 나는 이 연주회의 이야기를 톰 서비스가 쓴 책 『마에스트로의 리허설』에서 읽었는데, 유튜브에서 이 연주회 실황을 찾을 수 있었다. 참 좋은 세상이다!

  연주회에서 박수는 어떤 의미인가? 음악가에 대한 청중의 인사이자 격려와 존중의 표현이다. 그러므로 연주에 감동했다면 박수를 아끼지 않는 것이 당연하다. 다만 클래식 음악은 그 구성과 내용이 다르고, 음악 안에 깊은 철학적 성찰이 담겨 있기에, 음악이 끝날 때까지 존중과 배려의 마음으로 기다리는 것이 중요하다.

우리가 얼마나 상대방을 배려하고 존중하며 살고 있는지 자문해 본다. 나 역시 가족이나 가까운 지인들에게 선의善意를 이유로 들이댄 적은 없는지. 후배들이나 제자들에게 내가 원하는 것을 성급히 강요하지 않았는지. 상대방의 동의를 구하기 전에 성급하게 주장한 적은 없는지. 어떤 이를 아끼고 사랑하는 것도 존중과 배려에서 시작해 상대방이 받아들일 준비가 되어 있을 때 아낌없이 베풀어야 한다. 자기 감정만 내세우는 사랑은 음악을 훼손하는 성급한 박수와 같다.

공연이 끝난 뒤

나는 연주가 끝난 후 관객과 연주자가 서로 호응하는 순간, 즉 커튼콜curtain call 장면을 특별히 좋아한다. 연주자와 관객이 기쁨과 감사를 솔직하게 표현하는 모습이 보기 좋기 때문이다.

커튼콜은 원래 오페라나 연극이 끝난 후 무대 막(커튼)이 내려온 뒤, 출연진이 차례로 무대에 올라와 관객에게 인사하는 전통에서 유래하였다. 지금은 오페라뿐만 아니라, 콘서트, 뮤지컬, 스포츠 경기 등에서도 하나의 문화로 자리 잡았다. 커튼콜은 관객과 출연진이 서로 감사를 표현하는 소통의 방식이며, 그날의 연주가 좋을수록 길어진다. 야구경기에서 선수들이 경기가 끝난 후 모자를 벗고 관중에게 인사하는 것도 일종의 커튼콜이다. 2019년 U-20 월드컵 결승전에서 세계

강호들을 잇따라 꺾고 준우승을 차지한 우리 대표팀이 경기 후 응원단과 함께 환호하며 교감하는 장면은 본 경기보다 더 감동적이었다. 세계적인 테너 루치아노 파바로티는 한 연주회에서 무려 165회의 커튼콜을 받아 이 부문의 세계기록을 보유하고 있다.

커튼콜이 여러 차례 이어지는 것은 관객들이 연주자를 쉽게 떠나보내고 싶지 않다는 의사 표현이며, 연주자는 이에 대한 보답으로 앙코르 곡과 함께 예정에 없던 무대를 선보이기도 한다. 앙코르 무대에서는 연주자의 또 다른 재능과 개성을 발견할 수 있기 때문에, 공연이 끝나자마자 서둘러 자리를 떠나면 이 특별한 순간을 놓치게 된다.

우리나라 TV에서 연주회 실황 중계를 볼 때마다 아쉬운 점이 있다. 바로 본 공연 이후의 커튼콜 장면이 거의 생략되거나 짧게 편집된다는 점이다. 연주자가 관객에게 인사하는 순간을 잠깐 보여주고 곧바로 방송을 종료하는 경우가 많다. 반면, 일본 NHK의 실황 중계는 연주와 커튼콜이 모두 끝난 후 관객이 공연장을 떠나는 모습까지 길게 보여준다. 본 공연이 끝나면 곧바로 화면을 전환하는 우리나라 방송과는 대비가 된다.

영화도 비슷하다. 우리나라 케이블 TV 채널들은 영화가 끝나면 엔딩 크레딧을 잠깐 보여주다가 곧바로 자체 제작한 TV 드라마 예고편이나 광고를 내보낸다. 때로는 잔혹하거나 경박한 장면이 갑자기 튀어나와, 좋은 영화에서 받은 감동이 훼손되기 쉽다. 반면 미국, 유럽, 일본의 방송에서는 엔딩 크레딧을 끝까지 보여주는 경우가 많다.

나는 이러한 관행이 단순한 방송사의 문제라기보다 우리 관객들의 태도에서 비롯된 것이라 생각한다. 영화가 끝난 후 엔딩 음악과 크레딧을 끝까지 감상하는 관객은 거의 없다. 대부분은 영화가 끝나자마자 서둘러 영화관을 떠난다. 연주회의 커튼콜도 마찬가지이다. 외국의 유명 연주자나 연주 단체가 방문했을 때를 제외하면 열렬한 커튼콜을 보기 어렵다. 유럽이나 미국에서 흔한 기립 박수도, 우리나라에서는 정말 드물게 대가들의 공연에서나 볼 수 있는 장면이다.

왜 우리는 문화 이벤트를 끝까지 차분히 음미하고 즐기는 여유가 부족한 것일까? '빨리 빨리' 문화에 익숙해진 바쁜 일상 때문일 수도 있다. 해외 여행마저도 마치 시험 공부에서 요점 정리를 하듯 빠르게 진행하는 모습이 이를 보여준다. 또한 우리는 일의 시작을 중시하면서도 마무리를 소홀히 하는 경향이 있다. 우리 주변을 돌아보면 거창하게 시작되었던 프로젝트들이 흐지부지 끝나는 경우를 가끔 본다. 대규모 국가

R&D 사업, 복지사업, 사회기반 확충사업 등이 애초의 의도와 다르게 희석되거나 왜곡되는 경우도 많다. 나 역시 정부 연구과제를 수행하면서, 연구 기간이 끝난 후 마무리를 소홀히 했던 경험이 있다. 일이 끝난 후 마무리를 철저히 하는 태도가 길러진다면, 공연의 마지막을 더 아름답게 지켜볼 수 있지 않을까 하는 생각이 든다.

하지만 내 영화 관람 기억 속에는 두번의 예외가 있었다. 그날의 관객들은 단 한 명도 서둘러 나가지 않고 엔딩 크레딧이 끝날 때까지 자리를 지켰다. 첫 번째 경험은 2013년 1월, 뮤지컬 영화〈레 미제라블〉을 관람할 때였다. 아내와 함께 광주에서 이 영화를 보았는데, 당시는 제18대 대통령선거가 끝난 지 얼마 지나지 않은 시점이었다. 많은 광주 시민들이 대선의 후유증을 겪고 있었고, 영화의 마지막 장면에서 나오는 프랑스 6월 봉기는 5·18 광주 민주화 운동을 연상시키기에 충분했다. 영화가 끝나고 엔딩 크레딧이 올라가며 '민중들의 합창 Do you hear people sing?'을 포함한 주옥같은 음악들이 흐를 때, 단 한 명의 관객도 자리에서 일어나지 않았다. 그날 그 공간 속의 시민은 같은 감정을 공유하고 있었던 것 같다.

두 번째 경험은 2018년 개봉한〈보헤미안 랩소디〉였다. 아내와 함께 개봉 초기에 이 영화를 보았다. 당시에는 아직 입

소문이 덜 퍼져 객석에는 빈자리가 많았고, 대부분의 관객은 내 또래 혹은 그 이상이었다. 1970~80년대에는 서양 록음악이 젊은이들을 지배했다. TV와 라디오에서 DJ들이 서양 록음악의 계보를 유창하게 설명하던 시절이었고, 그중에서 그룹 퀸의 프레드 머큐리는 단연 최고였다. 나는 퀸의 열렬한 팬은 아니었지만, 한때 좋아했던 그리고 잠시 잊고 지냈던 음악들을 되살리며 큰 감동을 받았다. 이 영화가 끝나고 엔딩 크레딧과 함께 퀸의 주옥같은 음악이 흘러나왔을 때, 단 한 명의 관객도 움직이지 않았다. 극장 안에 있던 50대 이상의 관객들은 분명 과거에 퀸의 열렬한 팬이었을 것이다.

 이렇듯 강렬한 감동을 받을 경우에는 우리 관객들도 끝까지 자리를 지킨다. 세계적인 대가의 연주회에서 커튼콜이 길어지는 것도 같은 이유일 것이다. 하지만 강렬한 감동이 아니더라도, 공연을 끝까지 즐기고 음미하는 문화가 자리 잡았으면 하는 바람이 있다. 다행히 최근에는 변화의 조짐이 보인다. 최근 케이블 TV에서 상영한 〈레 미제라블〉, 〈미녀와 야수〉, 〈포레스트 검프〉 등은 음악이 함께 흐르는 엔딩 크레딧이 하나의 예술적 요소로 작용하는 영화들이다. 이러한 작품들은 엔딩 크레딧을 끝까지 내보내고 있다. 즐거운 변화가 시작되었다.

최고의 교향곡

교향곡symphony은 여러 악장으로 구성된 규모가 큰 악곡으로, 관현악단이 연주하여 클래식 음악의 진수를 보여준다. 초창기에 심포니와 신포니아sinfonia는 오페라나 협주곡 같은 합주 음악을 뜻하는 용어였으나, 점차 독자적인 형식을 갖추기 시작했다. 교향곡의 초기 작곡가로 가장 유명한 이탈리아조 반니 바티스타 삼마르티니(Giovanni Battista Sammartini, 1698~1775)는 모두 78곡의 교향곡을 작곡했고, 같은 시기의 보헤미안 작곡가 요한 슈타미츠(Johann Stamitz, 1717~57)는 58곡을 작곡했다. 당시 음악의 거점이었던 만하임 궁정에서 활동한 슈타미츠는 4악장가량의 긴 곡을 작곡하고 오케스트라의 크기도 늘렸다.

교향곡은 하이든과 모차르트의 시대에 이르러 마침내 고

전적인 4악장 형식을 갖추면서 비약적으로 발전한다. '교향곡의 아버지'로 불리는 요셉 하이든은 36년 동안 108개의 교향곡을 썼고, 볼프강 아마데우스 모차르트는 41번이 마지막 교향곡으로 알려져 있지만 실제는 최소 56곡을 작곡했다고 한다. 교향곡을 획기적으로 발전시킨 음악가는 루트비히 판 베토벤이다. 그의 3번 〈영웅Eroica〉은 교향곡을 새로운 차원으로 발전시켰고, 9번 〈합창〉은 교향곡에 성악과 합창곡을 결합시킨 '교향곡의 결정판'으로 평가된다. 이후 낭만주의 시대에 접어들면서 교향곡의 규모는 더 커지고, 복잡하게 변화하였다. 그동안 주로 독일 작곡가 점유물이던 교향곡을 점차 유럽 각국의 음악인들도 작곡하면서, 각 민족 고유의 다양하고 독특한 정서를 띠기 시작했다.

  교향곡 전악장을 처음 감상한 것은 고등학교 시절이었다. 김원일 음악 선생님은—유명 대중음악 작곡가인 김형석 씨의 부친이시다—1학년 내내 음악시간에 클래식 음악만 들려주셨다. 커다란 녹음기를 들고 오셔서 베토벤 교향곡 5번 〈운명〉과 드보르작의 교향곡 9번 〈신세계로부터〉를 집중적으로 들려주셨다. 어린 우리들은 고전음악에 대한 전문 지식은 없어도 교향곡의 1악장부터 4악장까지의 멜로디를 무심결에도 흥얼거릴 수 있을 정도가 되었다.

이 두 곡은 어린 시절 우리에게 가장 유명한 교향곡이 되었다. 그 당시 일반인을 상대로 조사를 해도 슈베르트의 교향곡 8번 〈미완성〉과 함께 1, 2, 3위를 차지했던 것으로 기억한다. 그럼 전문 음악가들이 꼽는 최고의 교향곡은 무엇일까? 음악에 순위를 매기는 것은 아주 어리석은 일이지만, 몇 년 전 영국 BBC 방송의 클래식 전문 매거진인 Classical-music.com이 세계적인 지휘자들을 대상으로 조사한 결과를 소개해 보겠다. 151명에게 가장 좋아하는 교향곡 3개씩을 추천받아 순위를 매긴 결과, 1위부터 10위는 다음과 같았다.

　　1위: 베토벤 교향곡 3번

　　2위: 베토벤 교향곡 9번

　　3위: 모차르트 교향곡 41번

　　4위: 말러 교향곡 9번

　　5위: 말러 교향곡 2번

　　6위 브람스 교향곡 4번

　　7위: 베를리오즈 환상교향곡

　　8위: 브람스 교향곡 1번

　　9위: 차이코프스키 교향곡 6번

　　10위: 말러 교향곡 3번

베토벤의 교향곡 3번이 1위를 차지했다. 〈영웅〉이라는 부제가 붙은 3번 교향곡은 기존의 형식, 길이, 화성, 감정의 경계를 허물고, 신을 찬미하는 것이 아닌 인간을 노래하는 최초의 낭만주의 교향곡이었다. 이런 베토벤의 영향력을 극복하면서 교향곡의 차원을 범우주적으로 확대시킨 구스타프 말러의 작품 세 곡이 10위 안에 올랐다. 역시 예상대로 유명 지휘자 사이에서 말러가 높이 평가되고 인기가 높다는 사실이 증명되었다. 이제 20위로 범위를 넓혀보자.

11위: 베토벤 교향곡 5번

12위: 브람스 교향곡 3번

13위: 브루크너 교향곡 8번

14위: 시벨리우스 교향곡 7번

15위: 모차르트 교향곡 40번

16위: 베토벤 교향곡 7번

17위: 쇼스타코비치 교향곡 5번

18위: 브람스 교향곡 2번

19위: 베토벤 교향곡 6번

20위: 브루크너 교향곡 7번

20위까지 베토벤의 교향곡이 총 다섯 곡이고, 브람스가 쓴 교향곡 네 곡이 모두 포함된 것이 흥미롭다. 베토벤이 교향곡 분야에서 후대의 작곡가들에게 미친 영향은 매우 컸다. 베토벤 다음 세대에서 교향곡은 전성기를 맞이하지만, 그의 그늘에서 신음한 흔적도 많이 발견된다. 베토벤 이후 최고의 천재로 여겨지는 리하르트 바그너는 10대 때 교향곡 하나(다장조)만 작곡한 뒤로 교향곡에는 손도 대지 않고 대형 오페라만 썼다. 바그너보다 20년 늦게 태어나서 독일 낭만주의의 전통을 계승한 요하네스 브람스는 교향곡의 작곡을 미루고 미루다가 나이 마흔셋에 교향곡 1번을 초연하였다. 그는 베토벤의 작품들 때문에 교향곡을 작곡할 수 없었음을 고백했다. 베토벤의 영향이 100년을 지배한 것이다. 즉 음악에서도 시대에 따른 방향 모색과 설정, 한계와 굴레의 극복, 새로운 발전이라는 역사적 흐름을 벗어나기 힘든 것 같다.

이런 '시대조류'에 의한 현상은 오페라에서도 관찰할 수 있다. 모차르트의 바로 다음 세대인 베토벤 역시 〈피델리오〉외에는 오페라를 작곡하지 않았던 것도 같은 이유였을 것이다. 그의 전기를 보면 오페라를 여러 차례 기획했지만 마무리하지 못했다. 베토벤보다 90년 늦게 태어난 구스타프 말러는 기존의 지평을 뛰어넘는 교향곡들을 작곡했지만, 그의 앞 세대에 위대한 오페라들을 남긴 바그너 때문인지 평생 오페라를 한 곡도 쓰지 않았다. 대신에 유명한 지휘자였던 그는 바그너의 오페라를 즐겨 연주했다. 말러 역시 바그너의 그림자 속에 있었던 것이다.

  노벨 물리학상을 받은 베르너 하이젠베르크가 쓴『부분과 전체』에는 과학과 예술의 역사를 통찰하고 논쟁하는 장면이 나온다. 위대한 예술가들에 의해 커다란 과제가 설정되고 나면, 다음 세대의 음악가들이 더 발전시켜 해결하거나 긴 침묵에 빠지는 시기가 이어진다. 역사적으로 음악의 발전 과정을 보면 '시작의 시대'와 '발전의 시대' 사이사이에 '침묵의 시대'나 '서서히 발전하는 시대'가 있음을 알 수 있다. '침묵의 시대'나 '서서히 발전하는 시대'에는 수많은 무명 음악가들이 먼저 느낀 새로운 예술 세계를 재현하고 해석함으로써 청중에게 이해의 문을 열어준다는 것도 명심해야 한다. 이 시기 동안 무명 음악가에 의해 넓혀진 음악의 이해가 새로운 발전의 시기를 불러오는 것이다. 베토벤을 극복한 말러의 교향곡이 그의 사후 50년이 지난 후에야 대중의 사랑을 받게 된 것도 수많은 무명 음악가들이 그의 음악을 해석하고 연주한 노고 덕에 가능했던 것이다.

  어찌 클래식 음악계만의 일이겠는가! 흔히 역사를 이야기할 때 위대한 인물들을 중심으로 거론하지만, 예술에서나 과학에서나 뛰어난 인물들의 업적만으로는 지금의 인류 문명을 이룰 수 없었다. 역사에 빛나는 화려한 인물 뒤에는 함께 노력한 수많은 무명인들이 있다는 것을 잊어서는 안 되겠다.

한국인의 음악 DNA

　최근 미국 반 클라이번 국제 피아노 콩쿠르에서 우리나라의 임윤찬이 역대 최연소 우승을 차지하며 세간의 높은 관심을 받았다. 올해 국제 콩쿠르에서 세계 최고의 실력자들과 경쟁해 입상한 젊은 음악가는 임윤찬만이 아니다. 유네스코 산하 세계 국제 콩쿠르 연맹 World Federation of International Music Competitions에는 총 110여 개 대회가 가입되어 있는데, 이 중 2022년 상반기에 개최된 25개의 국제 콩쿠르에서 무려 37명의 한국인 음악가가 입상하였다. 피아노 부문의 13개 콩쿠르에서는 12명의 한국인이 수상했고, 바이올린 부문은 9개 콩쿠르에서 7명, 비올라 부문은 6개의 콩쿠르에서 4명, 첼로 부문은 11개 콩쿠르에서 6명, 관악 부문의 9개 콩쿠르에서 4명의 한국인 수상자가 배출되었다. 그 외 더블베이스, 클래식 기타, 성악, 실내악 부문에서도 4명이 입상하였다. 이렇게 우리 음악가들이 국제적 권위의 콩쿠르를 석권하는 훌륭한 성적을 거두었다는 소식은 국민의 자부심은 물론 국가의 예술적 가치와 위상을 높이는 큰 경사라 할 수 있다.

  이러한 예술적 성취는 우리나라가 선진국 대열에 들어선 최근에 갑자기 일어난 현상이 아니다. 대한민국이 지구상 최빈국이던 1960년대, 작곡가 윤이상은 이미 유럽의 신예 현대 음악 작곡자로 입지를 굳히고 있었고, 훗날 한국의 전통 음향을 서양 악기를 통하여 구현한 세계적인 작곡가로 평가받았다. 피아니스트 한동일은 1965년 레벤트리트 국제 콩쿠르에서 우승하면서 한국인 최초의 국제대회 입상자가 되었고, 바이올리니스트 김영욱은 같은 해 메리위도 포스트 콩쿠르에서 우승하여 헤르베르트 폰 카라얀을 비롯한 수많은 전설적인 지휘자, 연주자들과 함께 무대에 섰다. 그는 레너드 번스타인으로부터 '천재'로 인정받은 매우 희귀한 연주자였다. 또 바이올리니스트 정경화는 1967년에 레벤트리트 콩쿠르에서 우승하며, 동양인 클래식 연주자로서는 전례가 없는 국제적 인지도와 활동 영역을 일구었다. 이후 1970년대부터는 정명훈, 강동석, 백건우, 조수미, 홍혜경, 신영옥, 사라장, 장한나, 조성진 등 이루 헤아릴 수 없을 정도로 많은 한국 음악가들이

김영욱은 세계를 무대로 연주하던 바쁜 시절에도,
한국에 머무는 동안엔 어김없이 지방 도시를 찾아 무대에 올랐다.
그와의 만남은 내게 특별하고 고마운 기억으로 남아 있다.
온몸으로 벼려낸 그의 연주는 매번 깊은 감동을 안겨주었고
오래도록 내 마음에 머물렀다.

세계 무대에 이름을 알렸다.

우리 국력이 향상되기 시작한 이후에는 클래식 음악뿐만 아니라 영화, 드라마, 애니메이션, 웹툰이 세계를 제패하기 시작했다. 아카데미, 칸, 베를린, 베니스 영화제와 같은 최고 권위의 영화제를 정복하더니, 최근에는 미국 방송계 최고의 권위를 자랑하는 에미상까지 휩쓸었다. 다방면의 예술 분야에서 이룬 이러한 성취는 노력과 가시적 성과를 강조하는 우리 교육의 특성 덕분이라고도 볼 수 있지만, 어쩌면 우리 민족에게 우수한 예술 유전자가 있는 것은 아닐까 하는 생각도 든다. 한국인은 흥이 오르면 거기에 몰입하는 열정을 가지고 있기 때문이다.

그런데, 얼마 전 한 유명 음악인이 한국인의 예술성을 공개적으로 비하하는 일이 있었다. 20세기 후반 이후 바이올린의 거장으로 불리는 핀커스 주커만이 그 주인공이다. 그는 2021년 여름, 줄리아드 음대에서 공개 레슨 중 아시아계 자매 학생에게 "거의 완벽한 연주였다. 그러나 좀 더 노래하듯이 연주해보라. 한국인들이 노래하지 않는다는 것을 알고 있다."고 말했다. 자매가 "우리는 한국인이 아니라 일본계 미국인"이라 대답하자 "일본인도 노래하지 않는 것은 마찬가지"라고 쏘아붙였다. 그리고 레슨 끝 무렵에는 "한국인은 노래하지 않는다. 한국인 DNA에 노래하는 능력이 없다."라고 재차 언급해 학생과 청중을 놀라게 했다. 그의 이런 인종차별적 발언은 이번이 처음은 아니었다. 유튜브의 한 영상에서는, 한국계 여학생이 연주하면서 몸을 움식이자 "네가 사라 장(장영주)이냐?"고 묻고는 "여기 있는 누구든 이렇게 연주하는 모습을 보면 이렇게 할 거야"라며 발로 걷어차는 시늉을 했다. 또 다른 영상에서는, "중국인은 메트로놈을 사용하지 않고, 빠르고 시끄럽게 연주한다."며 중국인과 중국어를 비하하는 장면도 나온다.

  나는 이 사실을 접하고 몹시 충격을 받았다. 핀커스 주커만은 김영욱, 정경화와 함께 이반 갈라미안 교수에게서 동문수학했고, 1967년 레벤트리트 콩쿠르에서는 정경화와 함께 공동우승을 차지한 인연이 있다. 지금까지 여러 차례 한국을 방문해 연주회와 음악 영재를 위한 마스터 클래스를 열어 한국에 많은 팬을 두고 있다. 그는 유태계 선배인 이츠하크 펄먼과 듀엣으로 연주할 때면 항상 제2 바이올린이나 비올라를 연주하였는데, 그 모습에서 나는 인간성 좋고 겸허한 연주자의 이미지를 떠올리곤 했다. 그런 그가 한국 출신 음악가들을 누구보다 잘 알고 있음에도 이런 인종차별적 망언을 하다니 믿기 어려웠다. 주커만의 부모가 홀로코스트 생존자이기에 더욱 충격적이었다.

편견은 많은 정보를 처리하는 인간의 효율성을 높이기 위한 본능적이며 신경생물학적인 현상이다. 인간이 스트레스 환경이나 생존 위협에 노출되면, 맞서 싸울지 도망칠지를 본능적으로 결정하게 되는데, 이를 투쟁-도피반응fight-or-flight response이라고 부른다. 공포 자극을 받으면, 뇌의 변연계 안에 위치한 편도체amygdala라는 작은 기관이 즉시 부신adrenal gland에 신호를 보내고, 대뇌 피질 등 뇌의 다른 추론 영역들과는 좀 더 느린 이차적 관계를 맺으며 반응한다. 추론을 거친 이차적인 반응은 그동안 가족이나 친구들에게 배운 행동양식을 따르며, 이러한 반응이 정상적인 것으로 세뇌된다. 편견 또한 논리적 추론의 형태로 저장된 본능적 세뇌의 결과인 것이다. 빠르게 사람을 구분하고 도망치거나 맞설 수 있도록 돕는 이 본능은 악의 없이도 생겨나며, 자기 자신에 대한 믿음과 자부심이 클수록 더 단단해지기도 한다. 그래서 문명사회의 지식인들이 좀처럼 바뀌지 않는 확고한 편견을 갖는 것이다.

보수성이 강한 서양 음악계에서 인종차별과 성차별은 오랜 관행이었다. 빈 필하모닉이 여성 단원을 받아들인 것도 그리 오래된 일이 아니다. 서양인은 부지런하고 성취욕이 강하지만, 문화적으로는 낯선 한국인에게 '음악하는 기계'라는 편견을 갖기 쉽다. 우리나라의 음악교육 환경이 엘리트 중심이고 경쟁적이며 성취 위주인 것도 이러한 편견을 부추기는 원인 중 하나일 수 있다. 내가 미국에서 공부하던 시절, 큰 딸 유현이의 미국인 첼로 선생님은 "자세를 멋지게 하고, 가슴을 펴고, 즐겁고 자신 있게 노래하라."고 자주 주문했다. 연주 기술보다는 즐겁게 노래하는 태도를 더 중요하게 생각하는 것이 서양의 접근 방식이라면, 우리의 접근 방식은 다소 성과 중심적인 면이 있는 것도 사실이다. 이러한 교육 환경이 오히려 편견을 심화시키고 있는 것은 아닐까 우려스럽다.

오랜 세월 대한민국을 빛낸 음악가들이 우리가 상상조차 못할 편견과 시기심에 맞서 싸워왔을 것을 생각하니 새삼 고개가 숙어진다. 편견이 인간의 뇌에 새겨진 강력한 본능이기에, 그것을 극복하기 위해서는 우리 모두의 참여와 막대한 노력이 필요하다. 국민의 자부심과 국가의 예술적 위상을 높일 수 있는 음악가는 우리 주변에도 많다. 그들에게 개선된 생태계를 제공하려는 노력이 절실하다. 오늘날 청년 음악가들은 기성세대보다 훨씬 탁월한 역량을 지니고 있음에도, 입시와 콩쿠르, 유학 등의 과정을 거쳐 전문 연주자나 음대 교수로 살아남기에는 너무도 혹독한 시대에 살고 있다. 그래서 그들이 마음껏 '노래'할 수 없는 것이다.

　급변하는 세상과는 달리 변화 없는 음악 교육, 날로 협소해지는 클래식 음악시장이란 환경에서 이 시대 젊은 음악가들이 과연 주커만이 원하듯 자유롭게 '노래' 부를 수 있을까? 중앙정부와 지방정부는 미래 사회에서 예술이 어떤 역할을 할 수 있을지를 고민하고, 다음 세대에게 길을 열어줄 준비를 시작해야 한다. 편견을 극복하는 노력은 편견을 가진 사람만의 몫이 아니라 우리 모두가 함께 해야 할 과제이기 때문이다. 우수한 예술적 DNA를 가진 한국인에게 개선된 음악 환경이 더해진다면, 진정한 음악 선진국으로 가는 길이 활짝 열릴 것이다.

음악과 마음의 공명

음악은 아름답고 시적인 것을
마음에 전하는 신성한 방식이다.

파블로 카잘스 Pablo Casals

혹독한 위기에 피어나는 꽃
― 제2차 세계대전 중 레닌그라드

2019년 12월, 중국 우한에서 시작된 코로나바이러스 감염증(코로나19)은 순식간에 전 세계로 퍼졌고, 그 기세는 좀처럼 수그러들지 않았다. 바이러스로부터 안전한 곳은 없었다. 그것은 강대국과 약소국, 부유한 나라와 가난한 나라, 종교, 인종, 국적, 사상을 가리지 않았다. 코로나19는 단지 우리의 건강만을 위협한 것이 아니었다. 경제활동, 국제교류, 해외여행, 학술문화 활동 등 거의 모든 삶의 영역에 큰 영향을 미쳤다.

전쟁이나 전염병 같은 대규모 재난은 사람들을 절망과 혼란에 빠뜨린다. 특히 지도자의 역량이 부족할 때 혼란은 더욱 심각해진다. 역사 속에는 그런 예가 많고, 코로나19 팬데믹에서도 그 현실이 여실히 드러났다. 그러나 이런 위기 속에서도 인간의 숭고한 이성과 감성은 때때로 찬란히 피어난다. 그중에서도 음악은 절망적 상황 속에서도 인간의 정신을 고양시키는 힘을 가진다. 영화 〈타이타닉〉의 한 장면이 떠오른다. 침몰 직전, 갑판 위에서는 승객들이 구명보트를 두고 아우성을 치는 가운데, 악단 단원들은 찬송가 '내 주를 가까이하게 함은'을 연주한다. 그들은 마지막 순간까지 자리를 지켰고, 끝내 배와 운명을 같이한다. 이 이야기는 실제 사건이었다. 악단의 수석 연주자 월리스 하틀리의 시신이 발견되었을 때, 그의 몸에는 바이올린이 단단히 묶여 있었다고 한다.

제2차 세계대전 당시, 가장 비극적인 전투가 벌어진 소련의 레닌그라드(현 상트페테르부르크)에서도 음악은 시민들과 함께했다. 1941년 소련을 침공한 독일군은 레닌그라드를 점령하기 위해 무려 872일 동안 포위전을 벌였다. 이 기간 동안 식량과 연료 공급이 완전히 끊기면서 굶어 죽은 사람만 80만 명에 달했고, 폭격으로 인한 사망자까지 합치면 수백만 명에 이르렀다고 한다.

혹독한 동토에도 꽃이 피듯이, 폐허가 된 도시 속에서도 예술은 생명을 얻었다. 소련의 작곡가 드미트리 쇼스타코비치(Dmitri Shostakovich, 1906~1975)는 이 포위된 도시에서 교향곡 7번을 작곡했고, 작품에 '레닌그라드'라는 이름을 붙였다. 쇼스타코비치는 전쟁 전부터 스탈린 정권의 억압과 검열에

죽음의 포위망이 도시를 옥죄던 그날,
필하모니아 홀에서는 쇼스타코비치 교향곡 7번이 울려 퍼졌다.

(출처: Wikimedia Commons)

시달렸던 인물이었다. 그런 그가 무너진 도시의 폐허 속에서 음악으로 독일군에 저항한 것이다. 당시 레닌그라드의 음악가들은 이 곡을 연주하기 위하여 오케스트라를 꾸리기 시작했다. 이미 많은 단원들이 사망해 처음 모인 사람은 15명에 불과했다고 한다. 지휘자를 비롯한 단원들은 거의 아사 직전의 상태에서 필사적으로 연습을 이어갔다. 죽은 아내를 묻고 곧바로 연습장소에 나타난 단원도 있었고, 연습 중에 굶어 죽은 단원도 있었다.

이윽고 연주회 당일, 필하모니아 홀은 시민과 병사들로 가득 찼다. 절망 속에서도 음악을 갈망한 시민들은 식량 배급표를 모아서 입장권을 구입했다. 공연은 라디오 확성기를 통해 도시 전역에 울려 퍼졌다. 공연이 끝난 뒤, 한 소녀가 지휘자에게 꽃다발을 전했다. 폭격과 봉쇄로 폐허가 된 도시 어딘가에 꽃이 피어 있었던 것이다.

이 시기, 레닌그라드 남부에는 또 하나의 감동적인 이야기가 있었다. 파블롭스크 연구소Pavlovsk Research Station이다. 이곳은 세계적인 식물 유전학자 니콜라이 바빌로프(Nikolai Vavilov, 1887~1943)가 설립한 세계 최초의 식물 종자은행이다. 바빌로프는 식물의 유전적 다양성을 이용해서 작물의 생산성을 높이는 육종 연구에 평생을 바쳤다. 그는 전 세계를 여행하며 유용한 품종들의 원산지에서 종자를 수집하고, 유전 변이별로 분류하여 보존했다. 1929년에는 한국도 방문하여 호박씨 등을 수집해갔다고 한다. 그의 집념 덕분에 파블롭스크 연구소는 농업을 시작한 인류가 물려받은 유산을 보존하는, 세계 최초이자 최대의 유전자 자원 저장소가 되었다. 한 예로 딸기 하나만 1,000종이 넘는 표본을 보유했다고 한다. 그러나 바빌로프는 사이비 과학자이자 공산당 간부인 트로핌 리센코의 모함으로 1940년에 체포되어, 1943년 사라토프 감옥에서 고문과 굶주림, 질병으로 사망했다.

전쟁 중 이 연구소는 소련 당국의 어떠한 지원도 받지 못한 채, 바빌로프의 동료들이 연구소와 종자들을 지키기 위해 사투를 벌였다. 폭격과 혼란으로 엉망이 된 씨앗과 견과류, 곡물들을 다시 완벽히 분류하며 괴로운 재작업을 멈추지 않았다. 히틀러는 이 연구소의 가치를 알고, 점령 축하 파티를 열 호텔과 이 연구소만은 절대 파괴하지 말 것을 명령했다고 한다. 봉쇄가 이어지는 동안, 바빌로프의 보물을 지키던 동료들은 굶주림 속에 한 사람씩 목숨을 잃어갔다. 그들은 차디찬 연구소의 책상 앞에서 죽음을 맞았지만, 눈앞에 있던 땅콩, 귀리, 완두콩, 쌀에는 손도 대지 않았다. 그들의 곁에는 식량으로 쓸 표본이 가득했지만, 단 하나도 사라진 것이 없었다.

죽음 속에서 치른 음악회는 시민들의 마음을 결속시켰고, 절망을 이겨낼 의지를 북돋았다. 사람들은 거리를 청소하고, 밭을 일구어 채소를 재배했다. 나치의 봉쇄에 굴복하지 않고 버틸 수 있는 힘을 얻은 것이다. 과학자들이 목숨으로 지켜낸 종자들은 전쟁 후 소련 경제를 회복시키는 데 큰 기여를 했다. 러시아가 세계 최대 공급처인 블랙 커런트(black currant, 베리의 일종)의 품종들은 파블롭스크의 유전자 자원을 기반으로 개량된 것인데, 이 품종으로만 연간 4억 달러 이상의 수익을 올리고 있다. 레닌그라드가 장장 900일 가까운 포위와 전쟁을 견뎌낸 것은 스탈린과 공산당 간부들의 지도력이 아닌 음악가와 과학자, 시민들의 희생과 불굴의 의지 때문이었던 것이다.

도대체 왜 그들은 죽음을 무릅쓰고 연주홀과 연구소를 지켰을까? 만약 그들이 예술가나 과학자가 아니라 정치인 또는 관료였다면 어땠을까? 이 질문은 우리가 지금의 삶에서 어떤 부분을 정치인이나 관료에게 맡기고, 어떤 부분은 예술가나 과학자 같은 전문가에게 맡겨야 할지에 대한 근본적인 고민으로 이어진다. 더구나 지금 세계는 리더십의 부재, 혹은 왜곡된 리더십으로 몸살을 앓고 있다. 미국 대통령은 선거 승리를 위해 모든 것을 희생시키고, 국론을 분열시키며 세계를 갈

라놓으려 한다. 중국 국가주석은 헌법을 개정해 종신집권을 꾀하고, 국내외에서 권력을 남용하고 있다. 우리나라도 예외는 아니다. 국익보다 정쟁이 앞선 정치는 갈등을 증폭시켰고, 국론 분열은 사상 최악의 수준이다. 무엇보다도 고징 책임자들이 위기 앞에서 책임보다 유불리를 따지는 모습은 국민들에게 깊은 실망을 안기고 있다.

지금 세계는 새로운 리더십을 필요로 한다. 이념을 초월하고, 인류를 하나의 공동체로 포용할 수 있는 리더십, 때로는 희생과 양보를 감수할 줄 아는 리더십이 필요하다. 국가 단위의 이기적인 정치행위가 우리 삶의 터전을 위협한다는 사실을, 우리는 코로나19 팬데믹을 통해 절감했지 않은가! 이제는 '지구'라는 행성을 위하는 '행성 리더십planetary leadership'이 필요한 시대다.

오늘 저녁 내가 먹은 음식에는 파블롭스크 연구소의 과학자들이 목숨 바쳐 지킨 품종이 들어 있었을지도 모른다. 내가 듣는 음악은 작곡자와 연주자가 고난과 시련 속에서 만들어낸 것이며, 수많은 이들에게 사랑과 희망의 메시지를 전해온 것이다. 바빌로프와 그의 동료들, 레닌그라드의 음악가들이 그러했듯이, 이 지구 위의 모든 인류가 소중한 미래를 위해 서로 돕고 희생할 수는 없을까? 코로나19, 정치적 격동, 기후

위기처럼 혼란과 불확실성이 교차하는 이 시대에, 나는 다시 한번 1942년의 레닌그라드를 떠올린다. 폐허 속에서도 음악과 과학을 지켜낸 사람들의 선택은 오늘의 우리에게 여전히 깊은 울림을 준다.

음악이 주는 형이상학적 공명

2020년 초 큰 사고를 당했다. 평소에 친하게 지내는 교수님들과 저녁 식사를 하던 중 너무 과음을 한 나머지 계단에서 넘어졌고, 얼굴 뼈 여러 군데가 골절되었으며 뇌출혈까지 발생했다. 두 차례의 수술을 받고 한 달간 병원에 입원했다. 정신을 차리고 나니 부끄러운 생각이 들었다. 과음이 사고의 주원인이었고, 특히 뇌 손상으로 인한 섬망 증세로 응급실에서 소란을 피웠다는 사실을 알게 되자 스트레스는 더 심해졌다. 정신건강의학과 교수인 동기 김재민 교수는 매일 병실을 찾아와 말벗이 되어 주었는데, 아마도 외상 후 스트레스 증후군을 염려했기 때문일 것이다. 음악을 좋아하는 재민과는 음악 이야기, 학창시절의 추억, 현재 진행 중인 연구 등을 소재로 수다를 떨었다.

한 달 간의 입원은 내가 의사가 된 이후 가장 한가로운 시간이기도 했다. 평소라면 틈만 나면 읽고 싶었던 책을 원 없이 읽었겠지만, 이번에는 왠지 책에 손이 가지 않았다. 마감이 임박한 논문 몇 편을 교정한 것을 제외하면, 하루 종일 음악만 들으며 지냈다. FM방송을 듣거나 유튜브 프리미엄에서 음악을 검색해 감상했다. 아마도 몸에 단백질이 부족할 때 고기가 먹고 싶어지듯, 당시 내 정신 상태는 음악을 간절히 필요로 했던 모양이다. 이 시기에 나는 말러 음악의 진수를 비로소 느끼기 시작했다.

음악을 들을 때 우리 뇌에서는 행복감을 느끼거나 사랑을 나눌 때 분비되는 신경전달물질이 증가한다. 바이올리니스트 폴 로버트슨은 대동맥 파열로 수술을 받은 후 수주 동안 사경을 헤맸는데, 그 경험을 바탕으로 쓴 회고록 『음악의 풍경 – 어떤 음악가의 삶에서 죽음까지 여정 Soundscape: A Musician's Journey through Life and Death』에서 이렇게 이야기한다.

> 우리들 대부분이 어머니의 태내에서 그리고 어머니의 젖을 먹으며 경험하는 무조건적 사랑을, 나는 다른 사람들의 경험이나 육체적 사랑의 친밀감 속에서 찾으려 했다. 그러나 실제로 그 사랑에 가장 가까이 다가간 순간은 음악 속에 있을 때였다. 친밀감, 쾌락,

신뢰의 화학적 표식인 옥시토신, 오피오이드, 세로토닌 같은 물질들 중 다수가 뇌의 음악적 보상체계와 연관되어 있다. 음악은 사랑의 행동을 모방하고 반영하며 촉진한다. 음악은 진정한 '사랑의 식량'이다.

이 사실을 증명하는 과학적 연구도 많다. 수술 후 장기 요양 중인 환자들이 음악을 들으면 옥시토신의 수치가 상승해서 통증과 스트레스, 불안 수준이 감소한다는 연구 결과가 있다. 미국 매사추세츠 종합병원의 앤 블러드 박사팀은 실험 참가자들에게 좋아하는 음악, 생소한 음악, 불쾌한 잡음을 번갈아 들려주며 양전자 단층촬영기PET로 뇌의 반응을 측정했다. 그 결과, 좋아하는 음악이 나올 때 음식과 성적 쾌감에 반응하는 중뇌, 선조체, 뇌 피질 부위의 활성도가 증가하는 것이 관찰되었다. 나 역시 병원에 머무는 동안, '행복'과 '사랑'의 호르몬이 절실히 필요했을 것이다. 말러의 다채로운 음악적 형상은 불안해하던 나의 뇌에서 사랑의 화학적 표식들을 분비시켜, 나를 안정시켜 주었는지도 모른다.

이처럼 음악은 듣는 이에게 '형이상학적 공명'을 전달한다. 영국의 음악 저술가 스티븐 존슨은 바그너의 오페라 〈트리스

탄과 이졸데〉에서 두 주인공이 그런 공명을 느낀다고 했다.[*]
이졸데는 병든 트리스탄을 간호하며 회복시키지만, 그가 자신의 약혼자를 죽인 장본인임을 알게 된다. 그녀는 복수를 결심했지만, 결정적 순간 마주친 눈길에 두 사람은 비극적인 사랑에 빠진다. 로저 스크루턴은 저서 『죽음에 비친 마음-바그너의 트리스탄과 이졸데에서의 性과 聖』에서 이 형이상학적 공명이 바로 두 사람의 '눈길'에서 비롯된다고 말한다.

> 그는 침대에 누워 나를 바라봤어.
> 칼도 아니고 칼을 쥔 손도 아닌
> 그는 내 눈을 들여다봤어.

세상에 태어나 어머니의 사랑을 충분히 받아 본 사람에게 '눈길'은 사랑의 원천이며, 언어를 넘어선 형이상학적 공명을 지닌다. 바그너는 이 오페라에서 트리스탄과 이졸데가 서로에게 빠져드는 순간, 그 눈길을 음악으로 표현해야 했다. 스크루턴의 설명을 곁들인 음악의 한 장면을 보자.

이졸데가 트리스탄의 눈길을 떠올릴 때, 오케스트라는 그녀의

---

[*] 스티븐 존슨, 『쇼스타코비치는 어떻게 내 정신을 바꾸었는가』, 풍월당(2019), 129쪽

말을 따라가며 이를 설명하는 모티프^{motif}를 들려준다. 이어서 오케스트라는 치가 떨리는 이졸데의 이야기 속에 더없이 부드럽고 서글픈 한숨들을 박아 넣음으로써 그녀의 분노를 날려 보낸다. 그 순간, 음악은 청중을 이졸데로 만들어 버린다. 사랑의 눈길 안에 똬리를 틀고 누운, 형언할 수 없는 그 자아를, 청중은 음악을 통해 바라보게 된다.

대 작곡가 바그너는 '사랑의 눈길'이 주는 형이상학적 공명을 '음악'으로 재현한 것이다. 이렇듯 음악은 진정한 '사랑의 전달자'이다.

음악이 주는 형이상학적 공명은 프란츠 카프카의 소설 『변신』에서도 발견된다. 주인공 그레고르는 잠자는 어느 날 거대한 벌레로 변신하고, 처음에는 가족들로부터 동정을 받지만 끝내 가족에게 철저하게 버림받는다. 소설의 마지막 부분에서 그는 누이동생의 바이올린 연주를 듣는다.

누이동생은 여전히 아름다운 연주에 몰두했다. 고개를 옆으로 기울이고, 눈은 감상에 젖은 슬픈 표정으로 악보의 줄을 더듬고 있었다. 그레고르는 좀 더 앞으로 기어갔다. 그리고 혹시나 누이와 눈길을 마주할 수 있지 않을까 기대하면서 고개를 마루위에 바짝

수그렸다. 이처럼 음악소리에 감동을 느끼는데도 여전히 동물이란 말인가? 그는 자기가 그리던 마음의 양식을 얻는 길이 열리는 듯한 기분이 들었다.

정신이 무너질 만큼 큰 고통을 겪을 때, 그 슬픔을 온전히 반영한 음악을 들은 사람은 그레고르와 같은 감정을 느낀다. '음악을 이토록 느낄 수 있는데, 내가 어찌 하찮은 존재란 말인가?'

그 시절 나에게는 외상과 정신적 충격을 회복하기 위한 옥시토신이 필요했다. 블루투스 스피커와 에어팟으로 흘러 들어온 음악은 뇌에 작용하여 더 많은 양의 옥시토신을 분비시켰을 것이다. 재민과의 즐거운 대화 역시 음악과 같은 효과를 주었으리라. 그리고 무엇보다 내 곁을 지켜준 가족들과 주고받은 눈길은 '행복'과 '사랑'의 호르몬을 가장 깊고 진하게 만들어 주었을 것이다.

그렇다. 지금 우리에게 가장 필요한 것은 '사랑의 호르몬'이다. 국론 분열과 갈등으로 마음의 거리가 점점 멀어지고 있는 이 시대, 음악이 주는 '형이상학적 공명'과 함께 서로에게 따뜻한 눈길을 건네고 '사랑의 호르몬'을 만들어 주자. 우리는 이 힘든 시기를 그렇게 함께 이겨낼 수 있을 것이다.

고래의 노래

　기후변화의 위협이 점점 더 뚜렷해지고 있다. 홍수와 폭설, 대형 산불로 세계 곳곳이 큰 피해를 보고 있고, 이 글을 쓰는 지금도 이상 저온에 대기는 탁하다. 기후변화의 심각성을 떠올릴 때면 늘 생각나는 판결이 있다. 2021년 우리나라 법원이 내린 고래 포획 사건 판결이다. 우리나라 법원에서 밍크고래를 불법 포획한 선장과 선원에게 이례적으로 높은 형량을 선고했다는 내용이었다. 보통 초범의 경우 벌금형이나 징역 1년 미만의 집행유예, 재범이라고 해도 실형 1년 미만이 일반적인데, 이번에는 선장에게 징역 2년, 선원에게 징역 8개월의 실형이 선고됐다. 특이한 점은 담당 판사가 26쪽짜리 판결문 중 무려 6쪽을 '고래가 지구상에서 사라지면 안 되는 이유'에 할애했다는 것이다. 호기심이 생겨 인터넷에서 판결문을 찾아 읽어보았고, 그 속에서 알게 된 고래에 대한 새로운 사실들을 독자들과 나누고자 한다.

고래는 약 7천만 년 전 인간보다 훨씬 앞서 지구에 출현한 거대 포유류로, 해양생태계의 최상위 포식자이다. 하지만 고래는 단순히 먹이사슬의 최정점에서 다른 생물을 잡아먹는 존재에 그치지 않고, 생태계 균형을 유지하는 데 핵심적인 역할을 한다. 고래의 개체수가 줄어들면 해양 생태계는 균형을 잃고, 생물의 다양성이 보존되지 않아 결국 자원 고갈로 이어진다.

고래는 지구상의 '탄소중립'을 실현하는 데에도 크게 기여한다. 고래의 몸은 거대한 탄소 저장소로, 일생 동안 평균 33톤의 이산화탄소를 흡수한다. 고래가 죽은 뒤 그 거대한 몸체는 해저로 가라앉고, 이산화탄소는 수백 년간 깊은 바닷속에 저장된다. 상업 포경이 본격화되기 전에는 연간 17억 톤의 이산화탄소가 고래에 의해 해저에 저장되었는데, 이는 전 세계 연간 이산화탄소 배출량(2020년 기준 390 억 톤)의 4%에 해당하는 수치이다. 반면 고래가 포획될 경우 탄소는 지상에서 방출된다. 미국 메인대학교 앤드루 퍼싱 교수에 따르면, 지난 100년간 포획된 고래들로 인해 방출된 이산화탄소는 약 1 억 톤에 달하며, 이는 온대림 13만 제곱미터가 사라지거나 군용

지프차 12만 8천 대가 100년간 배출하는 양과 맞먹는다고 한다.

 고래가 생태계에 주는 혜택은 여기서 끝나지 않는다. 고래의 배설물은 인, 질소, 철분 등 미네랄이 풍부해 식물성 플랑크톤의 번성에 크게 기여한다. 여기에 '고래 펌프'라고 불리는 수직운동과 '고래 컨베이어 벨트'라 불리는 대양을 가로지르는 이동을 통해 깊은 바다의 영양소를 수면 위로 끌어올린다. 이 역시 식물성 플랑크톤의 증식을 도와 해양 생태계의 기초 생산력을 높인다.

 이처럼 고래는 해양생태계는 물론, 지구의 기후 조절에도 중요한 역할을 한다. 따라서 고래가 멸종한다면 생태계 파괴와 지구 온난화는 더욱 가속화되어 결국 인류의 생존에도 심각한 위협이 될 것이다. 이번 재판에서 법원이 이례적으로 높은 형량을 선고한 이유가 이제는 분명하게 이해된다.

 고래는 그 덩치에 걸맞은 높은 지능을 가지고 있으며, 놀라운 소리 전달 체계를 가지고 있어 사람들의 흥미를 끈다. 바다 속이라는 환경에서 소리와 청각을 이용해 소통하도록 진화한 고래는 독특한 방식으로 소통한다. 칼 세이건의 《코스모스》에는 고래의 소리에 대한 상세한 설명이 나온다. 고래는 매우 넓은 주파수 대역의 소리를 내며, 긴수염고래는 20

헤르츠의 저주파음을 아주 큰 소리로 낼 수 있다. 이 저주파는 바닷물 속에서 거의 흡수되지 않아 멀리까지 전달된다. 생물학자 로저 페인에 따르면, 이런 저주파음을 이용해 지구 반대편에 있는 고래들끼리도 서로 소통이 가능하다고 한다. 혹등고래는 '재즈음악가'로 불릴 정도로 복잡하고 섬세한 노래를 부른다. 이 노래를 음성 언어로 간주할 경우 그 정보량은 10^6 비트에 이른다고 하는데, 이는 인간의 대서사시 〈일리아드〉나 〈오디세이아〉에 버금가는 분량이다.

 고래의 노래는 보통 15분 정도 지속되며, 길게는 1시간 이상 이어지기도 한다. 음, 박자, 리듬, 소절 등을 정확하게 반복하며, 수개월이 지나도 함께 노래를 부르던 고래들과 똑같은 노래를 정확히 다시 부를 수 있다. 마치 헤어진 동안에도 계속 함께 노래를 불렀던 것처럼! 그것만 봐도 고래는 대단한 기억력의 소유자이다.

 거대한 체구에 영리한 머리를 갖고 의사소통이 능수능란한 이 위대한 생명체는 바다에서 수천만 년 동안 천적의 위협 없이 편히 살아왔다. 그러나 인간이 고래잡이를 하면서 수난이 시작되었다. 고래는 입술연지, 장신구, 고래고기, 코르셋이나 공업용 윤활유 등 다양한 상업적 용도로 포획되어 온 것이다. 이에 따라 국제사회는 1985년 상업 포경 전면금지 조약을 발효시켰다. 그러나 일본은 2019년 국제포경위원회 IWC를 탈퇴하고 자국 수역에서 포경을 재개해 국제적 비난을 받고 있다.

이런 시점에 우리 법원에서 내린 판결은 지구 환경에 대해 사회의식이 어떻게 변화하고 있는지를 보여주는 지표라 할 수 있다. 판결문의 마지막에는 고래를 보호해야만 하는 이유를 선명하게 밝혔다. "고래가 지구상에서 완전히 사라진다면, 인간 역시 지구상에서 사라지지 않는다는 보장을 할 수 없다."

바닷속 고래의 노래가 더 우렁차게 울려 퍼질 날을 기다린다. 고래의 노래가 커질수록 지구의 숨결 또한 되살아나지 않겠는가! 전 세계 곳곳에서 기후변화로 인한 자연재해가 잇따르는 지금, 고래가 지구 생태계와 기후를 조율하는 데 얼마나 중요한 존재인지를 다시금 절감하게 된다. 고래의 노래는 단지 바다의 울림이 아니라, 우리가 지켜야 할 지구의 숨결이자 미래를 향한 경고이기도 하다.

왕을 비웃은 음악가

　오케스트라의 짧은 서주가 연주된 뒤 막이 오르면, 무대에 점성술사가 등장한다. 그는 흥미롭고도 교훈적인 이야기를 들려주겠다며 노래를 시작하는데, 그 내용은 어리석은 왕과 황금 닭에 관한 것이다. 도돈 왕은 적군의 침입과 반란으로 지쳐 있는 노쇠하고 무능한 군주다. 어느 날 점성술사는 왕에게 황금 닭 한 마리를 선물한다. 이 닭은 적의 침공 조짐이 보이면 큰 소리로 울어 위험을 경고하는 신통한 능력을 지녔다. 왕은 만약 닭의 능력이 사실이라면 점성술사의 모든 소원을 들어주겠노라고 약속한다.

　어느 날 황금 닭이 새벽부터 요란하게 울기 시작하자, 왕은 적의 침입을 직감하고 두 아들에게 출정을 명한다. 그러나 얼마 뒤, 왕자들의 군대가 패배했다는 소식이 전해지고, 직접 출정한 왕은 두 아들이 미모가 뛰어난 적국의 셰마하 여왕을 서로 차지하려고 싸우다 죽었다는 사실을 알게 된다. 이윽고 왕은 여왕을 만나게 되고, 그녀의 신비로운 아름다움에 완전히 매혹되어 넋이 나가고 만다. 그는 여왕에게 자신의 궁전으로 가서 함께 나라를 다스리자고 제안한다. 여왕을 경계하던 최측근 폴칸 장군이 반대하자, 왕은 그를 추방하고 끝내 처형한다.

궁전으로 돌아온 두 사람 앞에 점성술사가 다시 나타나고, 약속대로 소원을 들어달라고 말한다. 그의 소원은 셰마하 여왕을 아내로 삼게 해달라는 것이었다. 왕이 이를 거절해도 점성술사는 계속 요구하고, 화가 난 왕은 그 자리에서 점성술사의 머리를 쳐서 죽여버린다. 그 때 여왕은 왕을 거부하고 자리를 떠나며, 황금 닭이 횃대에서 날아올라 왕의 머리를 쪼아 죽인다. 천둥소리가 요란하게 울리고 무대는 캄캄해진다. 그리고 어둠 속에서 셰마하 여왕의 조롱 섞인 웃음소리가 들려온다. 마지막 장면에 점성술사가 다시 등장해 말한다. 지금까지 여러분이 본 것은 환상이며, 실제로 존재하는 것은 자기 자신과 여왕뿐이고 나머지는 믿거나 말거나 관객의 자유라는 것이다. 서주의 모티브가 다시 연주되면서 막이 내린다.

이 우화적인 이야기는 러시아의 위대한 작곡가 니콜라이 림스키코르사코프(Nikolay Rimsky-Korsakov, 1844~1908)가 1907년에 작곡한 오페라 〈황금 닭The Golden Cockerel〉의 줄거리이다. 이 작품의 탄생 배경에는 1905년 제정 러시아의 수도 페테르그라드(현 상트페테르부르크)에서 일어난 '피의 일요일' 사건이 있다. 당시 차르(황제) 니콜라이 2세가 지배하던 제정 러시아는 심각한 사회문제를 안고 있었다. 실업자의 급증, 장시간 노동, 저임금 등에 시달리던 노동자들의 불만은 폭발 직전이었고, 여기에 크림 전쟁과 러·일 전쟁의 패전 분위기까지 겹쳐 사회는 점점 더 불안정해졌다.

1905년 1월 22일, 극심한 노동 환경에 시달리던 노동자들은 황제에게 급료 인상을 청원하기 위해 매서운 한겨울 추위 속에서도 대규모로 모여들었다. 페테르그라드 광장과 거리는 그들로 가득 찼고, 이들의 행렬은 점점 불어나 30만 명을 넘었다. 그들은 폭력적인 시위를 벌인 것이 아니라, 황제를 향한 존경심과 충성심을 담아 러시아 국가를 부르며 겨울 궁전으로 향했다. 일부는 교회에 갈 때 입는 가장 좋은 옷을 차려 입고, 앞줄에서는 성화(이콘*)와 황제의 초상을 들고 국가와 왕조의 번영을 위한 기도와 노래를 올렸다. 순진하게도 황제가 자신들의 애국심과 충성심, 그리고 청원서를 보면 응답해 줄 것으로 생각한 것이다.

그러나 황제는 그날 황궁에 머물라는 측근들의 권고에도

---

* 기독교에서 그리스도와 12명의 사도, 성모 마리아, 성인들을 그린 그림

'피의 일요일'—그날 시민들은 황제에 대한 존경과 충심을 품고 조용히 거리를 행진했으나, 군과 경찰은 경고도 없이 발포했고 도시는 순식간에 수천 명의 피로 물들었다.

(그림은 Vladimir Makovsky가 그린 피의 일요일 사건. 출처: Wikimedia Commons)

불구하고 별궁으로 주말 휴가를 떠나 자리를 비운 상태였고, 대규모의 군중에 놀란 치안경찰 책임자는 경고도 없이 발포를 명령했다. 러시아 수도 한복판에서 거룩한 주일은 피의 일요일이 되어버렸다. 황제를 찬양하는 노래를 부르며 평화롭게 행진하던 비무장 군중 중 3천 명 이상이 사망하거나 중상을 입었다. 이 비극적인 사건은 차르 정부의 반동적 개혁 정책과 누적된 사회적 불만에 기름을 끼얹는 결과가 되었고, 곧이어 전국적으로 로마노프 왕조의 전제 정치를 타도하자는 파업과 시위가 연이어 일어났다. 이것이 바로 '제1차 러시아 혁명'이다. 이후 니콜라이 2세는 국민의 기본권을 인정하고, 선거를 통한 제헌의회 창설 등을 약속하는 '10월 선언'을 발표하였다. 그리고 1906년 5월 러시아 역사상 처음으로 간접 선거에 의한 민선 의회인 '두마Duma'가 창설된다. 이 사건은 훗날 1917년에 일어난 '제2차 러시아 혁명'의 중요한 발판이 되었다.

'피의 일요일' 사건은 림스키코르사코프가 교수로 재직 중이던 상트페테르부르크 음악원에도 직접적인 영향을 끼쳤다. 정부의 무리한 진압에 분노한 학생들이 수업을 거부하고 항의에 나선 것이다. 이에 정부는 학생들을 체포하기 위해 군대를 음악원에 투입했고, 이에 분개한 림스키코르사코프는

"군대가 신성한 학교를 짓밟아서는 안 된다."며 학생들을 옹호하고 나섰다. 결국 그는 이 일로 교수직에서 해임된다. 이후 그는 집에서 칩거하며 작곡에만 전념했고, 바로 그 시기에 탄생한 작품이 〈황금 닭〉이었다.

림스키코르사코프는 러시아의 대문호 알렉산더 푸시킨이 1834년에 발표한 서사시 〈황금 닭 이야기 The Tale of the Golden Cockerel〉를 각색하여 이 오페라를 만들었다. 푸시킨은 제정 러시아의 모순과 참상을 고발하는 시를 다수 발표한 작가로, 1819년에는 농노제의 비참함을 그린 〈마을〉을 발표한 이후 계속 체제를 비웃는 풍자시를 써왔다. 결국 그는 남러시아로 추방되었고, 유배에서 풀려날 때마다 기다렸다는 듯이 다시 황제의 심기를 건드리는 시를 발표하고 또다시 추방되곤 했다. 〈황금 닭 이야기〉에서도 그는 욕망에 눈이 먼 어리석은 황제를 냉소적으로 묘사하며 조롱했다.

림스키코르사코프는 1905년의 피의 일요일 사건과 제1차 러시아 혁명을 직접 겪으면서, 70여 년 전에 푸시킨이 발표한 이 서사시에 시대의 공명을 느꼈고, 이를 오페라의 주제로 삼았다. 그는 작품 전체에 냉소적이고 회의적인 화성을 다채롭게 배치했고, 관현악법의 대가로서 화려함과 장중함을 자랑하는 대표작 〈세헤라자데〉와는 전혀 다른 간결하고 풍자적인 음악 언어로 이 작품을 채워 넣었다.

푸시킨과 림스키코르사코프에게 도돈 왕은 무능한 통치자, 황금 닭은 권력 유지의 도구, 셰마카 여왕은 권력자가 추구하는 욕망, 점성술사는 권력을 유지해주는 비선 실세, 그리고 폴칸 장군은 직언하다 희생되는 충신을 의미했을 것이다. 그렇다면 이 오페라 속 백성들은 왕을 어떻게 생각하고 있었을까? 백성들의 합창을 들어보면 그에 대한 인식을 엿볼 수 있다.

"절세의 미녀 옆을 느릿느릿 걸어가는 저 사람은 누구지? 그는 신분상으로는 황제지만 몸과 영혼은 노예라네. 그가 누굴 닮았지? 낙타? 그 이상한 생김새와 행동과 태도는 영락없는 원숭이야."

"황제는 죽었어. 행복한 황제, 태평한 황제, 영원히 잊지 못할 황제. 지배자 중의 지배자. 정말 현명했지. 편안하게 손 하나 까딱 안 하고 백성들을 다스렸어. 화가 났을 때는 무서운 폭풍 같았지. 닥치는 대로 죽여서 모두 두려움에 떨었어. 하지만 구름이 걷히고 무거운 공기가 맑아지면 우리 황제는 아무 일도 없었다는 듯이 생생하게 빛나곤 했지."

이 대사들은 겉으로는 왕을 기리는 것처럼 보이지만, 실제로는 비웃음과 조롱이 짙게 깔려 있는 반어적 풍자이다. 림스키코르사코프는 백성의 입을 빌려 무능한 권력자가 만들어 낸 정치적 부조리와 그로 인한 민중의 고통을 날카롭게 고발하고자 했던 것이다.

이 오페라가 완성된 지 110여 년이 지난 지금도 유사한 일들이 반복되고 있다. 권력자는 폴칸 장군처럼 직언하는 충신을 멀리하고, 점성술사처럼 편리한 통치 수단을 제공하는 간신을 곁에 둔다. 국민이나 야당, 그리고 언론과의 대화와 설득이라는 어려운 과정을 거치기보다는, 명령과 제거를 통해 문제를 해결하려는 손쉬운 권력 시스템을 추구하기도 한다. 백여 년 전 러시아에서 탄생한 시와 오페라가 오늘날 우리에게 전하는 교훈이 결코 작지 않다. 황금 닭은 평상시에는 통치를 편하게 해 주는 권력 시스템일 수 있지만, 폭정이 도를 넘었을 때는 그 권력자를 제거하는 존재로 돌변할 수 있다는 사실, 림스키코르사코프의 〈황금 닭〉은 지금 이 시대에도 여전히 유효한 경고를 품고 있다.

쇼스타코비치를 위한 변명

"자, 예술은 누구의 것이지?"

쇼스타코비치가 음악학교 학생들의 마르크스-레닌주의 이데올로기 시험 때 던졌던 질문이다. 그는 가장 쉬운 질문이라고 생각했지만, 긴장한 학생은 대답을 하지 못했다.

"레닌이 뭐라고 말했지?"

당황한 학생을 도와주려는 힌트였지만, 겁에 질린 그녀는 힌트조차 알아차리지 못했다. 그가 고개를 숙이고 눈을 치켜떠도 그녀는 답을 찾아내지 못했다. 그의 머리 위에는 '예술은 인민의 것이다-V. I. 레닌'이라고 적힌 거대한 현수막이 걸려 있었다.

영국의 소설가 줄리언 반스가 쇼스타코비치를 주인공으로 쓴 전기소설 『시대의 소음』에 나오는 한 장면이다. 드미트리 쇼스타코비치(1906~1975)는 소련을 대표하는 작곡가였지만 공산당 독재 치하에서 굴곡 많은 인생을 살았다. 그는 19세에 교향곡 1번을 작곡하면서 천재 작곡가로 주목을 받았고, 이후 20세기 소련을 대표하는 작곡가로 자리매김했다. 스트라빈스키나 프로코피에프와는 달리 쇼스타코비치는 줄곧 소련에서 작품 활동을 하였기에 소련 공산당 정부로부터 많은 통제와 감시를 받은 것으로 유명하다.

쇼스타코비치는 1934년 오페라 〈므첸스크의 맥베스 부인〉을 발표했다. 이 작품의 원작은 니콜라이 레스코프의 동명 소설인데, 원작에서 불륜과 탐욕의 '악녀' 캐릭터였던 주인공 카테리나를 쇼스타코비치와 대본가 프라이스는 보다 인간적이고 긍정적으로 그렸다. 풍자와 비극을 절묘히 결합한 이 작품은 대중적 성공을 거두어 초연 이후 2년 동안 모스크바와 레닌그라드에서만 거의 200회나 공연되었으며, 런던, 뉴욕, 스톡홀름, 취리히, 부에노스아이레스 등 서방 세계에서도 공연되었다.

성공과 실패는 빛과 그림자처럼 붙어 있다. 1936년 1월 26일, 스탈린과 정부 고위 관료들이 볼쇼이 극장에서 이 작품을 관람했는데, 공연이 채 끝나기도 전에 자리를 떴다. 이틀 뒤, 정부 기관지 〈프라우다〉에는 '음악이 아닌 혼돈'이라는 제목으로 이 공연에 대한 혹독한 비판이 실렸다. 불과 몇 달 전만 해도 메트로폴리탄 오페라의 미국 초연을 애국심에 넘쳐 보도하던 같은 신문이 이번에는 "비정치적이고 혼란스러우며, 부산스럽고 신경과민적인 음악으로 부르주아의 비뚤어진 취향을 만족시킨다"고 비판했다. 사설의 마지막 문장은 그의 목숨까지 위협하는 듯했다. "이렇게 교활한 재주로 장난치는 행위는 끝이 대단히 안 좋을 수 있다."

스탈린 치하의 1937~1938년 정치적 혐의로 수백만 명이 총살당하거나 강제 노동으로 끌려갔다. 공식적 사망자 수는 68만 명이지만, 추정치로는 최대 120만 명에 이른다. 예술가들 역시 숙청을 피하지 못했다. 예술적 상상력, 모호함, 사회비판, 내면의 갈등 등을 묘사한 예술가들 역시 '부르주아적', '반혁명적'이라는 명목으로 탄압당했다. 쇼스타코비치의 지인과 동료들도 군주주의, 테러리즘, 간첩 행위의 죄목으로 처형되었다. 볼쇼이 극장 공연 이후 몇 년간 그는 권력층의 신문을 받고, 굴욕을 견디며 회개를 강요당했다. 〈시대의 소음〉에는 그가 매일 저녁 정장을 입고 여행가방을 챙긴 채 집 앞 승강기 옆에서 밤을 보내는 장면이 나온다. 가족들 면전에서 끌려가기 싫어 매일 외출 준비를 하고 밤을 지새웠던 것이다.

절망과 공포에 빠진 쇼스타코비치는 이미 완성된 교향곡 4

번의 발표를 미루고 교향곡 5번을 작곡한다. 그의 열다섯 개의 교향곡 가운데 가장 널리 알려진 이 작품은 생명의 위협을 느끼던 1937년 4월부터 7월까지 넉 달도 채 안 되는 짧은 시간에 작곡되었다. 그는 이 교향곡에 '당국의 정당한 비판에 대한 한 소비에트 예술가의 답변'이라는 의미심장한 부제를 달았다. 교향곡 5번은 발표되자마자 큰 성공을 거두었고, 당 관료들과 당의 위촉을 받은 음악학자들은 이를 '낙관적인 비극'이라 부르며 공식적으로 해석을 내놓았다. 스탈린의 측근이자 위대한 '톨스토이'의 먼 친척인 알렉세이 톨스토이는 "첫 악장은 심오한 '심리적 위기'를 그리지만, 3악장에 이르면 개인적 감정이 '위대한 시대'와 공명하며 하나가 된다."고 극찬했다. 오늘날까지도 이 작품에 대한 해석은 치열하게 논쟁 중이지만, 당시 쇼스타코비치에게는 죽음의 그림자로부터 벗어나게 해준 고마운 곡임에 틀림없다.

 소련 당국은 쇼스타코비치를 다양한 방식으로 이용했다. 제2차 세계대전 이후에는 국제회의에 그를 소련 측 대표로 수시로 참석시켰다. 1949년 그는 스탈린의 명령으로 뉴욕에서 열린 '세계 평화를 위한 문화 과학 회의(세계평화회의)'에서 소련 정부의 입장을 대변하며 순수 예술을 비판하는 연설을 강요받았다. 연설문에는 그가 존경했던 스트라빈스키를 비난하는 내용까지 포함돼 있었다. 기자들이 "힌데미트와 쇤베르크, 스트라빈스키를 퇴폐한 부르주아 형식주의자, 자본주의의 머슴으로 규정한 〈프라우다〉의 관점에 동의하느냐?"고 묻자 그는 "저는 〈프라우다〉의 입장에 전적으로 동의합니다."라고 대답할 수밖에 없었다.

그렇다고 쇼스타코비치가 소련 당국에 전혀 항변하지 않았던 것은 아니다. 그는 직접적으로 저항할 수 없었기에, 당국이 알아차리지 못할 정도로 교묘하게 음악적 조롱을 담았다. 스탈린으로부터 그를 구해낸 교향곡 5번의 마지막 부분에도 날카로운 아이러니와 풍자가 숨어있다. 그는 자신의 가곡 '부활'을 인용하여 은밀히 저항했다. 그가 인용한 '부활'의 가사는 이렇다.

> 천재가 그린 그림 위를
> 야만적인 화가가 게으른 붓으로 칠하고
> 하찮은 그림으로 덮어버린다.
> 시간이 지나면서 덧칠은 떨어져 나가고
> 천재의 창조물이 예전 그대로 아름답게 모습을 드러낸다.

제2차 세계대전 이후, 스탈린은 쇼스타코비치에게 승리를 기념하는 장엄한 찬가를 기대하며 베토벤 9번과 같은 교향곡을 주문했지만—그는 당시 교향곡 9번을 작곡하고 있었다—, 그는 가볍고 풍자적인 교향곡 9번을 작곡해버렸다. 합창도 독창도 승자에게 바치는 헌사도 없었다. 당국은 이 작품을 맹렬하게 비난하며 쇼스타코비치를 '타락한 서구 음악의 추종자'로 낙인 찍었다. 이후 그는 스탈린이 사망하는 1953년까지 더 이상 교향곡을 작곡하지 않고, 스탈린 선전용 영화음악만 작곡할 수밖에 없었다. 1949년 세계평화회의에서도 그는 연설문의 첫 장만 읽고 나머지 연설문 전체를 통역에게 넘겨버린 뒤 자리에 앉아 버렸다. 나름대로 항변을 한 것이다.

스탈린 사후 흐루쇼프 정권이 들어선 1960년에 쇼스타코비치는 공산당에 가입한다. 그의 입당 배경은 명확하지 않지만, 소설 〈시대의 소음〉에서는 흐루쇼프가 과거 스탈린 정권과의 단절을 대내외적으로 보여주기 위해 쇼스타코비치에게 러시아 연방 작곡가 조합 의장을 강요하며 당에 가입하도록 집요하게 압박하는 장면이 나온다. 자신의 음악을 금지시키고 예술가들을 억압하던 공산당원이 되지 않겠다고 저항하던 그도 결국 볼셰비키, 그것도 최고위원으로 남게 된다.

"늙어서 젊은 시절에는 가장 경멸했을 모습이 되는 것이 우리의 운명이다." 소설 속의 쇼스타코비치의 독백은 서글프다.

과연 젊은 시절의 쇼스타코비치는 자신의 늙은 모습을 경멸했을까? 그가 국가 폭력 앞에서 할 수 있었던 선택은 '죽음'과 '공포 속에서의 삶' 단 두 가지뿐이었다. 그의 또 다른 독백이 이어진다. "겁쟁이가 되는 것도 쉽지 않았다. 오히려 영웅이 되는 것이 훨씬 쉬웠다." 그를 비판하는 목소리와 옹호하는 목소리는 지금도 엇갈리지만 분명한 사실이 하나 있다. 시간이 흐를수록 그의 음악은 오직 음악 자체의 힘으로 당당히 일어서서 그 모든 고통과 모순을 견디고 생명력을 얻었다는 점이다. 그가 굴욕과 굴복 속에서 만든 음악은 결국 '인민을 위한 음악'도, '음악가를 위한 음악'도 아니었다. 그저 '음악 그 자체를 위한 음악'이었다.

"자, 예술은 누구의 것이지요?" 쇼스타코비치가 평생 묻고 또 물었던 이 질문의 답은 그의 음악 속에 여전히 살아 숨쉬고 있다.

말러를 생각하며

교향곡은 세계와 같아야 한다.
그 안에 모든 것을 품고 있어야 한다.

구스타프 말러 Gustav Mahler

우주의 탄생과 인간의 구원
— 말러 교향곡 3번

글을 쓰는 지금은 코로나 팬데믹 상황이다. 외출할 때 마스크를 꼭 착용해야 하고, 각종 모임과 교류는 중단되었으며, 해외여행이나 출장을 가지 못한 지도 9개월이 넘었다. 존경하고 사랑하던 스승의 추모식에도 참석할 수 없었던 나는 '코로나 블루'에 빠졌다. 이 팬데믹은 인간이 생태계를 파괴하고 다른 생명체를 멸종시킨 결과라는 분석이 지배적이다. TV 같은 언론 매체에서는 자연과 생태계에 대한 다큐멘터리가 자주 방송되고 있다. 최근의 심각한 기상이변도 이러한 현상의 연장선에 있다. 진정 '인류세 anthropocene'라는 지질시대가 도래한 것이다. 그리스어로 '인간'을 뜻하는 anthropos에 '최근'을 뜻하는 cene이 결합한 이 용어는, 인류가 자연 환경과 그 속의 생명체에 전 지구적으로 영향을 미쳤음을 뜻한다. 이

전 지질시대인 홀로세Holocene는 약 1만 1600년 전의 온화한 간빙기로, 이 시기에 인류 문명이 시작되었다. 홀로세에 시작된 인류 문명이 인류세로 마감을 하려는 것일까! 생각이 여기에 미치자 떠오른 음악이 있었다. 바로 구스타프 말러(Gustav Mahler, 1860~1911)의 교향곡 3번이다.

말러는 19세기 말과 20세기 초반에 낭만주의 음악을 완성하고 근·현대주의 음악의 문을 연 작곡가이다. 그는 바로크 음악을 완성하고 고전주의를 연 요한 제바스티안 바흐, 고전주의를 완성하고 낭만주의를 연 루트비히 판 베토벤에 비견되는 대 작곡가이다. 베토벤이 교향곡을 전 인류적인 고뇌와 환희의 경지로 끌어올렸다면, 말러는 그것을 우주적이고 초이성적인 단계로 밀어붙였다. 특히, 나는 그의 교향곡 3번이 우주의 탄생과 인류의 구원을 노래한 작품이라 생각한다.

이 교향곡은 1896년에 완성되었으며, 말러의 교향곡 중 연주 시간이 가장 길다. 무려 1시간 40분에 달하며, 1악장만 해도 40분 가까이 소요된다. 말러는 각 악장에 제목을 붙였는데 다음과 같다.

1악장: 목신Pan이 깨어나고 여름이 행진해 들어오다.
2악장: 들판의 꽃들이 내게 들려주는 것

3악장: 숲 속의 동물들이 내게 말하는 것

4악장: 인간이 내게 들려주는 것

5악장: 천사들이 내게 들려주는 것

6악장: 사랑이 내게 말하는 것

제목만 보면 1악장은 제우스의 아들인 목신이 깨어나 새로운 세상이 열리는 순간을 암시하는 듯하다. 이어 식물, 동물, 인간이 차례로 묘사되고, 마지막에는 존재의 본질과 구원을 다룬다. 실제로 브루노 발터는 1악장의 엄청난 사운드를 '태초의 소리'라 불렀다. 나 역시 1악장을 들으며 우주 탄생을 연상했다.

천체물리학자들은 우주의 탄생을 이렇게 이야기한다.

지금으로부터 약 140억 년 전, 우주 전체의 시공간, 물질, 에너지는 눈에 보이지도 않는 작은 점 안에 뭉쳐 있었다. 이 작은 점이 갑자기 폭발하듯 팽창하는데 이를 '빅뱅big bang'이라고 하며, 우주의 시작으로 생각한다. 우주의 나이가 10^{-12}초가 될 때까지 각종 아원자 입자와 빛 에너지를 지닌 광자가 상호작용을 한다. 이후 극한의 고온 속에서 광자의 높은 에너지가 물질-반물질의 입자쌍으로 변환되고, 이들이 충돌하면서 다시 광자가 생성된다. 이때 우주는 기체라기보다 액체 비슷한 상태였다. 펄펄 끓는 죽과 같은 우주가 계속 팽창하자 온도가 조금씩 낮아지면서 물질-반물질의 대칭이 깨져서 물질 입자 수가 많아지기 시작한다. 우리 주변의 모든 사물은 물질로 이루어져 있으니, 이때 만물이 만들어질 준비가 갖춰진 것이다. 우주의 나이가 10^{-6}초가 될 때, 양성자, 중성자와 같은 더 무거운 입자들이 나타난다. 우주의 나이가 1초가 되었을 때 우주는 수 광년의 크기로 팽창한 상태에서 양성자와 중성자가 결합해 원자핵이 만들어지고 수소와 헬륨이 생성된다. 그 후 38만 년 동안 전자들이 광자들 사이를 헤집고 다니며 산란을 일으키다가 우주의 온도가 갑자기 낮아지면서 자유 전자들이 모두 원자핵과 결합해 각종 원자와 분자가 형성된다. 우주 창생 10억 년 동안 우주가 팽창하고 식어감에 따라 중력이 물질을 끌어당겨서 오늘날의 은하와 별들이 탄생한다. 이 과정에서 1000억 개의 은하가 형성되고, 은하마다 평균 1000억 개의 별들이 존재한다.

말러는 1악장을 호른의 팡파르로 시작한다. 목신의 깨어남과 여름의 시작을 알리는 이 소리는 마치 우주의 탄생, 빅뱅을 표현하는 것 같다. 대폭발 후의 적막에 이어지는 팀파니와 현악기, 약음기를 낀 금관악기의 울림은 입자들의 진동처럼 다가온다. 이윽고 오케스트라의 엄청난 에너지가 분출되며 음악적 에피소드들이 혼란스럽게 튀어나오는데, 이는 대폭발 이후의 혼돈을 닮았다. 드럼과 베이스는 입자들의 진동과 결합을 상징하고, 전체 오케스트라로의 확장은 원자와 분자의 생성을 느끼게 한다. 점차 혼돈이 사라지고 질서가 잡히면서, 우주가 안정되고 은하가 형성된다. 1악장의 후반부에서는 멜로디가 아름다워지면서 행진곡풍의 선율이 등장하는 것이 지구와 생명의 탄생을 암시하는 것 같다. 생명 분자들은 바다 속에서 에너지를 받아 DNA와 RNA의 전구 물질로 진화하고, 1악장은 이 활기찬 생명의 탄생을 알리며 마무리된다.

말러가 이 교향곡을 쓴 1896년은 톰슨이 전자를 발견하기 1년 전이었다. 양자역학은 태동조차 하지 않았고, '빅뱅이론' 역시 존재하지 않았다. 따라서 말러가 의도적으로 우주 창생을 묘사했다고 보긴 어렵다. 오히려 목신이 겨울을 몰아내고 여름을 이끄는 상징적 이미지로 해석된다. 그러나 시대가 흐르면 해석도 달라지게 마련이다. 말러라는 천재 음악가는 그가 의도했든 그렇지 않든 후대에 우주의 탄생으로 읽히는 음악을 남긴 것은 틀림없다. 그는 음악을 통해 '세계 구축'을 평생 지향했다는 점에서, '태고의 소리'를 만들고자 했을 가능성도 충분하다.

2악장은 미뉴에트풍의 아름답고 우아한 멜로디로 식물의

세계를, 3악장은 깜찍하고 발랄한 분위기로 동물의 탄생을 노래한다. 그런데 3악장 중간에 뻐꾸기의 죽음을 의미하는 포스트 호른의 슬픈 멜로디가 나오면서 처음으로 생명체의 죽음을 이야기한다.

4악장에서 드디어 인간이 등장한다. 말러는 이 악장에서 여성 알토를 등장시켜 니체의 『차라투스트라는 이렇게 말했다』의 제4부 '밤의 노래'를 부르게 한다. 4악장은 2, 3악장보다 무겁고 적막하다.

"오 인간이여! 주목하라! 깊은 밤은 무엇을 말하는가? (…) 고통은 말한다: 가버려라! 그러나 모든 기쁨은 영원을 갈구한다, 깊고 깊은 영원을 갈구한다!"

말러는 왜 인간을 이야기한 4악장을 이토록 어둡게 만들었을까? 이 곡의 악보에는 '극히 느리고 신비스럽게'라고 지시되어 있어서 음악 해설 자료는 신비로움을 강조하지만, 나는 인간의 타락을 뜻한다고 생각한다. 아름답게 창조된 자연 속에 인간이 등장함으로써 세상이 어두워졌다는 메시지다.

5, 6악장에서 말러는 천사와 사랑을 통해 인간의 구원을 이야기한다. 특히 6악장은 극도로 느리지만 놀랄 만큼 장엄하

고 아름다운 음악으로, 인간이 구원받을 수 있다는 희망을 암시한다. 처음에는 '신이 내게 이야기해 주는 것'으로 붙였던 제목을, 말러는 나중에 '사랑이 내게 이야기해 주는 것'으로 바꿨다고 한다.

내게 이 교향곡은 1시간 40분 동안 우주와 인류의 역사를 들려주며, "정신차리고 깨달아라!"라고 꾸짖는 것처럼 느껴진다. 우주의 '창백한 푸른 점 Pale Blue Dot'인 지구에서 인간은 지극히 어리석게 행동하고 있다. 다른 생명체를 멸종시키고, 자연을 오염시키며, 탐욕으로 이 땅을 황폐화시키고 있다. 그러나 실은 지구가 망가지는 것이 아니라, 어느 순간 지구는 해를 끼치는 생명체들을 스스로 씻어낼 것이다. 그리고 인류세를 종료하고 새로운 생명체와 함께 우주로부터 부여받은 본래의 생명 주기를 이어갈 것이다.

우리는 지구 위의 모든 생명체가 서로 연결되어 있음을 기억해야 한다. 모든 종은 상호보완적으로 커넥톰 connectome 을 이루고 있으며, 함께 공존하는 것이 자연의 법칙이다. 우리는 지금 그 사실을 코로나 팬데믹 속에서 절실히 실감하고 있지 않은가! 지구 위의 호모 사피엔스는 이제 빨리 깨어나야 한다. 나는 많은 사람들이 말러의 교향곡 3번을 들으며 우주에서의 인간 존재, 인류의 미래와 구원을 생각해 보길 진심으로 바란다.

사족: 내가 말러의 교향곡과 가까워지기 어려웠던 이유 중 하나는 연주 시간이 너무 길다는 점이었다. 가장 짧은 4번이 57분 정도이니, 연주회장이 아니면 집중해서 감상하기가 쉽지 않다. 가정에 좋은 음악실이 있어도 긴 시간을 온전히 할애하기는 어렵다.

최근 내가 터득한 말러 감상법은 이렇다. 블루투스 이어폰을 구입하고, 말러 교향곡 음원을 스마트폰에 다운받는다. 그리고 1~2시간짜리 산책 또는 산행 코스를 음악을 들으며 걷는다. 물론 가장 만족스러운 방법은 아니지만, 나는 이 방법을 통해 말러와 가까워졌다. 그리고 몸과 마음이 모두 건강해지는 것을 느낀다. 무엇보다도 지구의 모든 생명체가 함께 건강해지길 바라며 걷는다.

천년의 교향곡
— 말러 교향곡 8번

 구스타프 말러는 교향곡 8번을 1906년에 완성했다. 음악의 스케일뿐 아니라, 참여 인원 또한 매우 많아 '천인千人 교향곡'이라는 별칭을 갖는 작품인데, 그의 교향곡 중 가장 짧은 기간인 8주 만에 완성했다고 한다. 첫 2주 동안은 영감을 떠올리느라 고심했다고 하니, 실질적으로 작곡하는 데 걸린 시간은 6주에 불과했다. 악보가 방대해서 베껴 쓰는 데도 그만한 시간은 필요할 것 같은데, 작곡을 완료했다니! 아마도 강렬한 영감이 분출되어 일사천리로 써 내려갔을 것이다. 평소에 자신의 작품에 대해 자화자찬을 하지 않았던 말러였지만, 이 곡을 완성한 후에는 이례적으로 매우 만족해했다. 빌럼 멩엘베르흐에게 보낸 편지에서 그는 "이 곡은 내가 지금까지 쓴 것 중 가장 위대한 곡이오. (…) 우주가 소리를 내기 시작한다고 생각해봐요. 그것은 더 이상 인간의 목소리가 아니라, 우주를 운행하는 행성들과 태양들의 소리입니다."라고 말했다. 말러 자신도 만족한 이 교향곡 8번은 과연 어떤 곡일까?

교향곡 8번은 처음부터 끝까지 성악과 합창이 동반된 역사상 최초이자 최대 규모의 교향곡으로, '칸타타 또는 오페라 같은 교향곡'이라고도 불린다. 독창자 8명, 어린이 합창단을 포함한 대규모 합창단, 거대한 현악 오케스트라와 목관 22대, 금관 17대, 무대 뒤 금관 앙상블, 파이프 오르간과 하모니움, 피아노, 첼레스타, 하프, 만돌린, 타악기 등이 동원된다. 마치 인류가 만들어 낸 모든 소리를 한데 모아 놓은 듯한 엄청난 사운드를 들려준다. 이 위대한 작곡가는 대규모 성악가와 연주자를 실내악단처럼 정교하게 다루다가도, 클라이맥스에 이르면 모든 음악적 모티브를 한꺼번에 쏟아내서 대격동에 가까운 어마어마한 스펙트럼의 음향을 만들어 낸다.

초연은 1910년 9월 12일, 뮌헨 국제박람회장에 새로 지은 콘서트홀에서 이루어졌다. 3,400명의 청중이 가득 들어찼고, 바이에른 왕실 가문을 비롯해 리하르트 슈트라우스, 막스 레거, 카미유 생상스, 알프레도 카셀라, 게르하르트 하우프트만, 토마스 만, 슈테판 츠바이크, 에밀 루트비히, 헤르만 바르, 아루투어 슈니츨러, 부르노 발터, 오스카 프리트, 프란츠 샬크,

막스 라인하르트 등 당대 문화계 주요 인사들이 자리를 함께 했다. 말러는 모든 세부 사항을 직접 챙겼다. 850명의 합창단(어른 500명, 어린이 350명), 8명의 성악가, 146명의 오케스트라 연주자에 지휘자인 말러를 포함하여 1,000명이 넘는 음악가가 무대에 올랐다. 공연 기획자였던 에밀 구트만은 대중의 관심을 끌기 위해 이 교향곡의 부제로 '천인 교향곡'이라는 표현을 집어넣었고—말러가 반대해서 삭제했지만—이 부제는 오늘날까지도 이 작품에 붙어 다닌다. 초연은 대성공이었다. 80여 분의 연주가 끝나자 객석에서 우레와 같은 박수와 환호가 터져 나왔다. 기진맥진한 말러는 이들에게 화답하기 위해 15번 이상 무대에 다시 올라야 했고, 커튼콜은 45분이나 계속되었다. 말러 생전에 자신의 교향곡 초연이 대성공을 거둔 것은 8번이 유일했다. 그는 이 교향곡으로 생애 최고의 성취와 영광을 맛보았다.

교향곡 8번은 1부와 2부로 구성되어 있다. 1부는 마인츠의 대주교를 지낸 리비누스 마우루스가 서기 830년경에 쓴 오순절 찬가 '오소서, 창조주이신 성령이여 Veni, creator Spiritus'에 곡을 붙였다. 샘솟는 영감으로 작곡을 하던 중 음악과 가사가 잘 맞지 않는 것을 깨닫고, 라틴어 원본을 다시 받아 확인해 보니 작곡한 음악에 완벽하게 들어맞았다는 일화가 전해져

교향곡 8번의 초연은

말러 생애에서 가장 찬란한 순간이자,

영광의 정점이었다.

사진은 그 역사적인 초연을 준비하던 리허설 장면이다.

(출처: Wikimedia Commons)

온다.

   말러는 2부에서는 괴테의 위대한 시극『파우스트』의 마지막 장면에 나오는 〈심산유곡〉의 텍스트에 곡을 붙였다. 높은 이상을 지향하면서도 쾌락의 극치까지 가보고자 하는 파우스트 박사는 악마 메피스토펠레스와 계약을 맺는다. 메피스토펠레스가 향락으로 파우스트를 유혹하고, 파우스트가 쾌락에 만족한다면 그의 영혼을 접수한다는 내기이다. 세상으로 나간 파우스트는 메피스토펠레스의 도움으로 순결한 처녀 그레트헨을 유혹하여 파멸시키고, 고대 그리스 세계로 시간여행을 가서 헬레나 왕비와 사랑에 빠지며, 다시 현실로 돌아와서는 해안을 메우는 간척사업을 위해 착한 노부부 필레몬과 바우키스를 희생시킨다. 100세 노인이 된 파우스트는 근심이 불어넣은 입김에 눈이 멀지만 마음의 눈은 떠서, 간척지가 공동체의 유토피아가 될 것을 소망하면서 생을 마감한다. 메피스토펠레스가 파우스트의 영혼을 접수하려 하지만 하늘로 올라간 그레트헨이 성모 마리아에게 파우스트의 구원을 간청한다. 〈심산유곡〉의 마지막은 깊은 산속 계곡에서 파우스트의 영혼이 하늘로 올라가는 장면인데, 천사들과 죽은 어린 영혼들, 성모 마리아를 경배하는 학자들, 그레트헨을 포함한 참회하는 여인들이 성모 마리아와 함께 장엄하게 합창하면서 대단원의 막을 내린다.

    교향곡 8번이 발표된 후, 사람들은 1부와 2부가 무슨 연관성을 갖는지 이해하지 못했다. 1,000년의 세월을 두고 만들어진 가톨릭 찬가와 계몽주의 희곡 사이에 무슨 연관이 있단 말인가! 음악평론가 스티븐 존슨은 그의 저서 『말러, 그 삶과 음악』에서 두 텍스트 모두 '사랑'의 중요성을 이야기한다고 말한다. 1부의 라틴 성가에서 '사랑'은 신성한 종교적 사랑을 의미하고, 2부에서는 에로스를 포함한 사랑을 의미한다고 한다. 실제로 말러는 처음에 이 작품을 구상할 때, 2부를 '에로스의 탄생'이라는 제목으로 스케치했다가, 『파우스트』의 끝 장면을 연결시키는 걸로 바꾸었다. 아마도 〈심산유곡〉에서 파우스트가 구원되는 장면, 즉 "영원한 여성적인 것이 우리를 이끌어가네"로 끝나는 '신비의 합창'을 에로스적인 사랑으로 보았던 것 같다. 플라톤에 따르면 '에로스의 정신은 불완전한 상태로 시작하여 끝없이 현실을 개혁하길 욕망하는 것이며, 그에 따라 노력하는 상태'이다. 에로스는 완전한 아름다움을 동경하여 그것을 이데아의 세계로까지 이끌어 간다는 뜻이다. 말러는 부인 알마에게 보낸 편지에서 "모든 사랑은 육체와 정신 양쪽에 기반하고 있다는, 따라서 이 두 요소가 함께 '에로스'의 표출수단이 된다는 것이 괴테의 신념이고 『파우스트』의 마지막 장면은 그 개념을 상징적으로 표현하고 있소."라고 말했다. 독서광이었던 말러는 파우스트의 구원을 플라톤이 말한 에로스적 사랑으로 이해하고 이를 음악으로 표현한 것이 아닐까? 결국, 『말러 전기』를 쓴 옌스 말터 피셔의 주장대로, 말러가 라틴 성가에 곡을 붙였던 것은 가톨릭적인 의도에서가 아니라 철저히 괴테적인 의도에서 비롯된 것이다.

『파우스트』 종결부에 나오는 '신비의 합창'을 쓰면서 괴테는 어떤 노래를 상상했을까! 이 장면은 이미 음악으로 만들어진 적이 있다. 리스트는 〈세 개의 성격화로 구성된 파우스트 교향곡〉을, 슈만은 〈괴테의 파우스트 중의 장면들〉을 작곡했다. 말러는 이전의 시도가 빈약하다고 생각했고, 오랫동안 구상을 해왔다. 그러다가 오순절 찬가에서 '오소서, 창조주이신 성령이여'라는 구절을 읽었을 때, 1부의 전체가 번개처럼 순식간에 눈앞에 펼쳐졌고, 『파우스트』의 〈심산유곡〉은 이 찬가에 대한 응답으로 표현된 것이다. 괴테가 말러의 교향곡 8번 2부를 들었다면 어떤 반응을 보였을까? 그는 많은 부분에서 합창을 묘사해 놓았는데, 필시 각 모티프마다 다른 음악을 상상했을 것이다. 말러는 대규모의 합창단과 관현악단을 동원하여, 이 위대한 시극을 감동적이고 압도적인 음악으로 표현해 냈다.

"인간은 지향指向이 있는 한 방황한다."『파우스트』에 나오는 가장 유명한 대사이다. 갈 곳이 있기에 방황하는 것이고 지금 길을 잃고 방황하는 것은 목표가 있다는 뜻이니, 역설적이면서도 용기와 위안을 주는 말이다. 괴테와 도스토옙스키에 심취했던 말러도 이 문장을 무척 좋아했을 것이다. 그 역시 '지향하는 한 방황하는' 파우스트적 인간이었고, 불완전에서 완전에 이르려는 에로스적 사랑을 하는 인간이었다. 그가 과감히 천년의 세월을 넘나든 것은, 19세기와 트로이전쟁 시대의 3,000년을 넘나들었던 괴테의 착안에 대한 응답일지도 모른다. 괴테가 60년에 걸쳐서 쓴 대작의 마지막 부분을 8주 만에 번개처럼 완성하는 말러의 모습에서 나는 또 다른 '파우스트'를 보고, 듣고, 느낀다.

마지막으로 교향곡 8번을 주제로 하는 영화〈파우스트〉가 만들어지길 소망해본다. 이 장대한 예술의 결정체를 무대극으로 연출하기에는 너무 벅찬 일이기 때문이다. 21세기의 첨단기술로 무장한 영화 같은 매체가 적절히 실현시킬 수 있다고 생각한다. 그러고 보니 다른 작곡가와는 달리 구스타프 말러를 주인공으로 하는 영화를 본 적이 없다. 그의 이야기를 교향곡과 함께 스크린에서 다루어도 참 멋질 것이다.

버디가 남기고 간 사랑과 음악

 '버디'는 우리 가족과 17년을 함께 지낸 반려견이다. 버디가 우리 집에 처음 온 것은 2004년 6월 말이었다. 둘째 정현이의 선생님 시골 댁에서 키우던 개가 새끼를 낳았는데, 그중 한 마리를 선물로 받은 것이다. 두 딸은 '친구'라는 의미의 버디Buddy로 이름지었고, 버디는 우리 가족의 일원이 되었다.

 애완견을 갖는 것은 나의 오랜 소원이었다. 어린 시절 잠시 개를 기른 적이 있었지만, 조금 자라면 외가로 보내는 일이 반복되었다. 마침내 소원이 이루어졌지만, 나는 버디에게 별다른 관심을 주지 않았다. 미국에서 귀국해 교수생활을 막 시작한 시기라 연구팀을 꾸리고 연구비를 수주하며 성과를 내는 것이 내게는 더 중요했다. 두 딸 유현과 정현이 "아빠가 버디를 사랑하게 해 주세요."라고 자주 기도했던 기억이 있다.

반면, 아내는 버디를 지극정성으로 돌보았다. 음식 섭취를 엄격히 관리하고, 매일 규칙적으로 운동을 시켰으며, 치아 등 신체 관리와 용변 훈련에 이르기까지 모든 것을 도맡았다. 아이들도 엄마를 도와 보살핀 덕분에 버디는 건강하게 잘 자랐다. 버디는 장점이 많은 개였다. 우렁찬 목소리를 가졌지만 낯선 사람이 집에 올 때를 제외하고는 거의 짖지 않았다. 용변도 잘 가리고 먹을 수 있는 것과 먹어서는 안 되는 것을 잘 구분했다. 순한 성격이라 아내가 억지로 치아를 닦을 때도 한 번도 물지 않았다. 외모도 준수해서 외출할 때마다 사람들의 시선을 끌었고, 나이가 들어서도 놀라울 정도로 동안(?)이었다.

사실 버디는 아내의 외로움을 달래주는 존재였다. 늘 늦게 귀가하고 출장도 잦은 나 대신, 아내의 곁을 지켜준 친구였다. 버디가 없었다면 우리 부부 사이에 갈등이 컸을 것이다. 버디 덕분에 나는 학교와 병원 일에 더 전념할 수 있었던 셈이다. 세월이 흘러 중견 교수가 되어 마음의 여유가 생기자 나도 점차 버디를 챙기게 되었다. 어느새 버디의 아침 식사와 주말 간식은 내 몫이 되었다. 내가 일어나는 시간에 맞춰 침대 밑에 웅크리고 앉아 아침 식사를 기다리던 버디의 모습이 지금도 눈에 선하다.

버디가 어린 시절, 우리 집엔 늘 음악이 흘렀다. 첼로를 전공한 아내와 유현이 연습하는 소리, 나와 정현이 가끔씩 연주하던 바이올린 소리가 울리는 곳에서 자란 버디는 음악을 좋아했다. 작은 소리에도 예민하게 반응했지만, 음악 소리에는 잘 적응하며 곤히 잠들곤 했다. 내가 연습할 때는 방문을 긁어 열게 한 다음 들어와서 내 곁에 웅크리고 앉아 음악을 들었다. 어린 딸이 리코더를 불면 마치 그 음을 따라 부르듯 높은 음조로 웅얼거려 우리를 놀라게 했다. 우리 집안은 강아지까지 음악가인 셈이다!

강아지는 10년을 넘기면 노화가 시작된다. 버디도 예외는 아니었다. 10살을 넘기자 여기저기 아픈 곳이 생겨났다. 방광결석으로 수술을 받았고, 쿠싱병, 승모판 폐쇄부전증, 고지혈증 등 질환이 잇따랐다. 17살이 되자 치매 증상이 나타나고 건강이 급격히 나빠졌다. 아내는 끝까지 정성껏 간호했지만, 노화의 흐름을 되돌릴 수는 없었다. 결국 먹지도, 마시지도, 제대로 걷지도 못하는 상태에 이르렀다. 아내가 능숙하게 하트만 용액을 피하에 주사해 주었는데 버디는 신음 한 번 없이 묵묵히 참았다. 늘 그래왔던 것처럼 조용히, 혼자서 고통을 감내하고 있었다.

사랑하면 아프고 죽어가는 것이 애처롭지만, 고통 속에 살아가는 것은 더욱 안타까운 일이다. 나는 이제는 결정을 내려

버디는 아내의 외로움을 달래주는 존재였다.

늘 늦게 귀가하고 출장도 잦은 나 대신,

아내의 곁을 지켜준 친구였다.

야한다고 생각했다. 먹지도 마시지도 움직이지도 못하는 버디를 보고만 있는 것은 너무나 가혹했기 때문이다. 하지만 차마 안락사를 실행에 옮길 용기가 나지 않았다. 영화 〈말리와 나〉에서 오웬 윌슨과 말리의 마지막 장면이 떠올랐다. 우리 가족이 그 장면을 연출한다는 건 상상만으로도 가슴이 아팠다. 사랑과 죽음에 대한 고민이 깊어질 무렵, 내게 말러의 교향곡 9번이 찾아왔다.

말러는 1909년, 사망하기 2년 전에 이 교향곡을 완성했다. 그의 작품 중에서도 애호가들 사이에서 가장 위대한 곡으로 꼽히며, 말러가 자신의 죽음을 예감하며 썼다는 해석도 많다. 1907년, 말러는 큰 딸 마리아의 죽음, 빈 궁정 오페라 감독직 사임, 심내막염 발병 등 소위 '운명의 타격'을 한꺼번에 겪었다. 이 곡은 그 후에 작곡되었고, 곡 전반적으로 서서히 죽음을 불러내는 듯한 분위기가 가득한 매우 난해한 곡이다. 나에겐 말러의 교향곡 중에서도 가장 이해하기 어려운 문제의 곡이었다. 하지만 버디의 죽음을 생각하면서 이 곡을 듣는 순간 음악은 내게 문을 열기 시작했다. 마치 내가 버디에게 음악의 문을 열어 준 것처럼.

그중에서도 가장 난해했던 4악장 아다지오가 마음속 깊이 들어왔다. "죽음을 묘사하는 데 있어서 음악은 문학과 미술보다도 우위에 있다"는 문예학자 조지 스타이너의 말이 이해되기 시작했다. 말러 전기 작가 옌스 말테 피셔의 해석을 읽고 나니 마음이 움직였다. "생의 모든 것이 비물질화된, 심적으로는 이미 피안에 속해 있으며, 죽음을 눈앞에 두고 있고, 무엇보다도 그가 사랑했던 세상에 작별을 고하며 죽음을 불러내는 음악"의 힘을 느끼면서 결심할 수 있었다.

나는 아내와 딸에게 버디를 보내주자고 설득했다. 둘째 정현이의 시험이 끝나는 월요일 오후 2시에 버디가 다니던 병원에서 작별하기로 했다. 음악의 힘을 빌어 어렵게 내린 결정이었지만, 안락사는 여전히 큰 스트레스였다. 출근했지만 일이 손에 잡히지 않았다. 오후 휴가를 내고 집에 돌아오니 아내와 두 딸은 버디와 작별인사를 나눈 듯 눈이 퉁퉁 부어 있었다. 그런데 내가 동물병원에 갈 채비를 하던 중, 갑자기 버디가 경련을 일으켰다. 30초가량의 경련을 두 차례 하고는 잠시 후에 조용히 숨을 거두었다. 우리 가족이 안락사를 시행하고 나서 겪을 번민과 고통을 안기지 않으려 스스로 택한 마지막 순간 같았다.

버디는 우리에게 많은 것을 남겨 주었다. 가족이라는 강한 정서적 유대 속에서 진정한 사랑과 죽음의 경험을 함께 나누었다. 내게는 말러의 교향곡 9번을 이해할 수 있는 단서를 남겨 주었다. 이 세계의 모든 것을 교향곡에 담고자 했던 말러는 마지막 교향곡의 마지막 악장에 다다라서는 소리보다는 침묵을 담았고, 화음보다는 무조성無調性을 담았다. '가장 아름다운 소리는 바로 침묵'이라는 음악의 역설을 나는 비로소 이해하게 되었다. 우리가 진정한 사랑을 하면 그 대상이 고귀한 존재이든 하찮은 미물이든, 그 사랑의 깊이와 소멸의 고통을 통하여 삶의 진리를 점차 깨닫게 된다. 이제 버디는 내 마음속에서 우리 가족과 보낸 17년의 잊지 못할 추억과 더불어, 음악과 삶에 대한 깊은 깨달음으로 영원히 남을 것이다.

말러의 무덤가에서

 9월 초에 유럽핵의학회에 참석하기 위해 오스트리아 빈 Wien을 방문했다. 이 음악의 도시를 찾을 때마다 음악회에 참석하려고 애썼지만, 번번이 실패했다. 2017년에 방문했을 때는 빈 국립오페라단이 공연하는 드보르작 오페라 〈루살카 Rusalka〉를 예매해 두었지만, 갑자기 학회 일정이 생겨 우리 교실의 강세령 교수가 대신 관람했었다. 이번에는 학술대회 개막 하루 전날에 빈 필하모니 관현악단의 연주회가 열렸고, 어렵사리 표를 구해 마침내 음악의 도시 빈에서 빈 필의 음악회를 직관할 수 있었다!

 이번 여행에서는 빈 필의 연주회와 더불어, 꼭 가보고 싶은 곳이 하나 더 있었다. 바로 빈 도심 북쪽 그린칭 Grinzing 마을 공동묘지에 있는 구스타프 말러의 무덤이다. 지도를 검색해

보니 학회장에서 그리 멀지 않아 오후에 짬을 내어 그린칭으로 향했다. 택시로 약 20분 정도 달리자 조용하고 작은 마을이 나타났고, 길 오른편에 공동묘지가 보였다. 초가을의 따사로운 햇살이 눈부신 날이었다. 재일교포 서경식 교수가 쓴 『나의 서양음악 순례기』에는 말러의 무덤을 찾지 못해 애를 먹는 장면이 나오는데, 다행히 그 책 덕분에 '6지구 8열'이라는 정보를 미리 알고 있어 무덤을 쉽게 찾을 수 있었다.

책에서 본 대로, 그의 묘비에는 'Gustav Mahler'라는 이름만 새겨져 있을 뿐, 아무런 문구나 장식도 없었다. 그는 숨을 거두기 몇 주 전에 유언을 남겼는데, 딸이 묻힌 그린칭에 자신도 함께 묻고, 하관식에는 연설이나 연주를 삼가 달라고 했다. 묘비에도 이름만 새겨 달라고 하며 이렇게 말했다고 한다. "나를 찾는 사람은 내가 누구였는지 알 것이고, 그 외의 사람들은 알 필요가 없을 겁니다." 주변의 다른 묘지들은 천사와 십자가 같은 조각에 갖가지 색상의 화병 등으로 장식되어 있지만, 수수하고 투박해 보이는 묘비에서 오히려 시대를 초월한 거장의 위엄이 느껴졌다. 나중에 알았는데, 그 묘비는 빈의 유명 조각가 요제프 호프만 Joseph Hoffmann이 제작한 것이었다.

말러는 1860년 당시 오스트리아 제국령이었던 보헤미아

지방의 칼리쉬트Kalischt에서 양조장과 식당을 운영하던 집안의 둘째 아들로 태어났다. 그는 어린 시절부터 자주 죽음과 이별을 경험했다. 어머니 마리는 무려 14명의 아이를 낳았지만, 그중 7명이 영아기에 사망했다. 말러와 가장 가까웠던 동생 에른스트는 13세에 세상을 떠났고, 음악적 재능을 보였던 또 다른 동생 오토는 21세의 나이에 권총으로 자살했다. 말러가 끔찍이 사랑했던 두 딸 중 큰딸 마리아(푸치)는 다섯 살도 못 채우고 디프테리아와 성홍열로 사망했다. 푸치가 죽던 날의 비극적 광경과 말러의 비통한 슬픔은 말러 전기 『위대한 세기말의 거장』과 부인 알마의 자서전에 생생하게 묘사되어 있다.

 이러한 삶의 궤적 때문일까, 말러의 음악은 죽음의 그림자로 짙게 물들어 있다. 그가 십대에 작곡한 〈탄식의 노래〉는 형제간 살육을 주제로 한 작품으로, 여기에는 동생 에른스트의 죽음이 서려 있다. 교향곡 1번의 3악장은 장송곡이고, 교향곡 2번은 사후세계와 부활에 대한 내용을 담고 있다. 교향곡 5번, 6번, 가곡집 〈방랑하는 젊은이의 노래〉, 〈죽은 아이를 그리는 노래〉 그리고 〈대지의 노래〉에서 음악을 통해 죽음을 치러낸다. 특히 교향곡 9번에 담긴 죽음의 곡조는 음악 역사상 최고의 명작으로 평가받고 있다.

말러 자신은 1911년 당시에는 불치병이던 '아급성 심내막염subacute endocarditis'으로 50세를 갓 넘긴 나이에 세상을 떠났다. 세균이 심장판막에 감염되어 생기는 이 병은 지금이야 항생제나 수술로 치료가 가능하지만, 그 당시는 100% 사망에 이르는 병이었다. 그가 빈 국립오페라단의 음악감독을 사임하고, 딸 푸치가 죽던 해인 1907년에 발병하여, 이 세 사건을 '운명의 타격'이라 부른다. 이후 사망하기까지 마지막 3년간 그의 삶은 참으로 극과 극을 오갔다. 미국 뉴욕으로 건너가 메트로폴리탄 오페라단의 음악감독을 맡으며 새로운 삶을 시작했고, 〈대지의 노래〉와 교향곡 9번을 완성했다. 그러나 건강은 점점 악화되었고, 아내 알마의 불륜과 뉴욕의 경박하고 이질적 문화 풍조가 그를 괴롭혔다. 그런 와중에도 죽기 8개월 전인 1910년 9월 뮌헨에서 열린 교향곡 8번 초연은 그의 인생 마지막 불꽃이자, 음악사상 위대한 순간으로 기억된다. 공연이 끝난 뒤 감동한 연주자 1,000명과 청중 3,000명의 환호는 무려 반시간이나 계속되었다. 공연장에 있던 미국의 지휘자 레오폴드 스토코프스키는 이 광경을 "백인이 처음 본 나이아가라 폭포"라 표현했다.

말러는 1907년 여름부터 자신의 죽음을 심각하게 예감했던 것으로 보인다. 그는 철학자이자 심리학자인 구스타프 테오도어 페히너Gustav Theodor Fechner의 『자연 관찰의 관점에서 생각해 본 천상과 피안의 것들』을 탐독하고 다음의 대목을 주변 사람들에게 자주 얘기했다고 한다.

> 애벌레가 먹는 나뭇잎과 나비가 먹는 잎사귀는 똑같이 지상의 식물이지만 나비의 눈과 애벌레의 눈에 서로 다르게 감지된다. 또한 애벌레가 한 가지 나뭇잎에 매달려 있는 동안 나비는 자유롭게 정원 전체를 두루 날아다닌다. (…) 이와 마찬가지로 우리는 땅 위에서는 먼저 피안의 세계로 간 사람에 관해서 볼 수 있는 것이 아무것도 없다. 애벌레가 나비의 삶에 관해서 도대체 무엇을 알고 있단 말인가? 우리보다 먼저 태어나고 죽은 사람들이 우리들 사이에서 우리들 주위에서, 아니 우리들 속에서 살아가고 있는데도 우리는 알 수가 없다. 이것은 우리가 지상의 눈만을 가지고 인식하고 있기 때문이다.

그는 뤼케르트의 시에 곡을 붙여 1904년에 완성한 〈죽은 아이를 그리는 노래〉에서 비슷한 내용을 묘사해 치유의 노력을 꾀한다.

> 나는 종종 그 아이들이 그저 놀러 나간 것이라는 생각이 든다.

곧 다시 집으로 오겠지!

날이 참 좋구나!

아, 걱정하지 말자! 아이들은 그저 먼 길을 가보는 것뿐이야!

그럼, 그저 놀러 나간 것뿐이니 이제 집으로 올 거야!

아, 걱정하지 말자, 날이 참 좋잖아!

아이들은 그저 저 높은 곳으로 난 길을 가는 것뿐이야!

아이들은 우리보다 먼저 간 것뿐이고 집을 다시 그리워하지는 않을 거야!

우리는 햇빛 속에 자리잡은 저 높은 곳으로 아이들을 데리러 갈 거야!

저 높은 곳에서도 날은 참 좋잖아!

독서광이었던 말러가 마지막으로 읽은 책은 에두아르트 폰 하르트만Karl Robert Eduard von Hartmann의 『생명의 문제』였다. 말러가 450쪽에 달하는 이 두꺼운 책을 힘겹게 넘기자, 아내 알마가 책을 분책해 주었다고 한다. 그의 전기에는 이 책의 마지막 장에 나오는 다음과 같은 문장이 인용된다.

"모든 생명 뒤에는 죽음이 숨어 있다. 왜 그럴까? 생명 그 자체는 죽지 않고 한 개체에서 새로운 개체로 영속되는데도, 왜 이 세상에 태어난 모든 것은 죽어야만 하는가?"

하르트만은 이렇게 대답한다.

"생명이 발전해 나가기 위해서 늙은이를 젊은이가 교대하는 세대교체가 필요불가결한 일이다. 지극히 천재적인 인물도 자신이 유년시절에 받았던 인상들에 너무나 단단히 뿌리 박혀 있기 때문에, 언젠가는 시대의 요구를 따라가지 못하고 뒤처져서 정체되는 날이 온다. 세상은 계속 변하는 시대적 환경에 신선하고 자유롭게 유연성을 갖추어 적응할 수 있는 새로운 개체가 필요하다. 이는 생의 발전이 한 단계 더 높아지도록 장려하기 위해서다. 그러니까 늙어 죽음은 전체 생명의 발전을 위한 것이라는 목적론적 이유를 가지고 설명할 수 있다."

말러는 이 책의 사유에서 영향을 받았는지, 최후의 투병 중에도 새로운 음악 세계를 추구하고 있던 후배 아르놀트 쇤베르크가 잘되기를 걱정했다고 한다.

말러의 무덤을 다녀오는 데는 1시간 남짓밖에 걸리지 않았다. 그린칭에 다녀온 것을 친구들의 채팅방에 올렸더니, 한 친구가 '와인으로 유명한 곳'이라고 답했다. 그린칭 주변은

"나를 찾는 사람은 내가 누구였는지 알 것이며,
그 외의 이들은 알 필요가 없을 것입니다."
말러가 생전에 남긴 이 말처럼,
그의 묘비에는 오직 이름 하나만이 조용히 새겨져 있다.

포도밭이 펼쳐져 있고 직접 짜낸 와인을 마실 수 있는 '호이리게Heurige'라 불리는 주점들이 있다고 한다. 급히 묘소에만 들르느라 와인과 감자를 곁들인 돼지고기 요리를 못 먹고 온 것이 아쉬웠지만, 말러 무덤을 다녀와서 죽음과 물러남을 생각하는 뜻있는 시간을 갖게 되었다.

 은퇴나 죽음은 기존의 선입견과 익숙함에 갇힌 개인이 새로운 개체로 교체되어 발전하는 선순환의 과정이라는 것을. 더 나아가 우리에게 주어진 시간이 끝나가더라도 우리 자신의 힘으로 만든 것, 부단한 노력으로 이룩한 것은 죽음을 통해서 다음 사람들에게 영속적으로 현현할 수 있다는 믿음을. 말러의 음악처럼 말이다.

음악이 내게 가르쳐 준 것들

음악은 언어가 닿지 못하는 곳에서 시작해,
침묵이 견딜 수 없는 감정을 노래한다.

빅토르 위고 Victor Hugo

위대한 조역, 제럴드 무어

　피아노는 오케스트라와 맞먹는 음량을 가진 악기로, 독주나 협연뿐 아니라 다른 악기의 반주 역할을 맡기도 한다. 피아노 반주자는 독주자 못지 않은 연주 실력을 갖추어야 하지만, 언제나 독주자의 그늘에서 음악의 완성도를 높이는 역할을 한다. 간혹 서툰 반주자가 독주자의 그늘에서 벗어나 보려는 욕심에 피아노의 풍부한 음량을 이용해 자신의 기량을 과시하기도 하지만, 이는 항상 참담한 음악적 실패를 초래한다. 음악평론가 이순열은 "반주자는 그 음악이 지니고 있는 오밀한 세계를 펼쳐주면서도 자신은 그늘 속으로 항상 숨어버리는, 말하자면 밖으로 나타나기보다는 베일 속으로 파묻힘으로써 더욱 아름다워져야 하는, 참으로 어려운 역할이다"라고 말했다.

이러한 깊은 내공을 갖추고 음악 애호가들의 마음속에 따뜻한 감동을 남긴 최고의 반주자가 있었으니, 바로 제럴드 무어(Gerald Moore, 1899~1987)이다. 그가 전문 반주자로 활동한 40여 년 동안 최고의 연주자들이 그의 반주에 힘입어 최상의 음악을 만들어냈다. 예후디 메뉴인, 파블로 카잘스, 알프레도 꼬르도, 쟈클린 뒤 프레, 한스 호터, 엘리자베스 슈만, 엠마누엘 포이어만, 프리츠 크라이슬러, 야샤 하이페츠, 데니스 브레인 등 1920년대부터 60년대 사이에 활동한 명연주자들이 그를 반주자로 택했다. 특히 슈바르츠코프, 로스 앙헬레스, 피셔 디스카우와 함께 한 가곡 연주는 지금까지도 그 분야에서 타의 추종을 불허하는 명연주로 평가된다.

　세계 음악사에 굵은 족적을 남긴 제럴드 무어는 영국에서 태어나서 13세에 캐나다 토론토로 이주했다. 어린 시절 토론토 음악원에서 안톤 루빈스타인의 제자였던 함부르크에게 피아노를 배웠는데, 가세가 기울어 더 이상 레슨비를 감당할 수 없게 되었다. 음악가의 꿈을 접고 신실한 성직자가 되려던 그에게 스승은 "네가 성장한 후에 돈을 벌어 갚아도 된다"며 무료 레슨을 계속해 주었다고 한다. 그런데 그 후 함부르크 선생님이 갑자기 세상을 떠났다. 이에 무어는 스승의 아들 보리스(첼리스트)의 반주를 자청하며 은혜를 갚고자 했는데, 이

것이 그를 직업 반주자의 길로 이끌었다. 가난한 제자에게 무료 레슨을 해 준 함부르크 교수, 그리고 은혜를 갚기 위해 최선을 다한 무어, 이들의 이야기에는 얼마나 아름다운 음악이 흐르고 있는가! 점점 각박해지는 우리 사회에서 꼭 되새겨야 할 가슴 따뜻한 이야기다.

그가 활동을 시작할 당시, 반주자의 지위는 초라하기 그지없었다. 음반 레이블에 이름조차 표기되지 않았고, 연주자가 커튼콜을 할 때는 마치 하인처럼 무대 구석에 서 있어야 했다. 실제로 성악 반주자의 이름이 음반에 처음으로 인쇄된 것은 제럴드 무어가 처음이었다. 1930년대 이전에 제작된 음반의 레이블을 보면, 반주자의 이름은 단순히 'with pianist'라는 문구로만 표기되어 있었다. 그가 겪었던 고충은 이루 말할 수 없었을 것이다. 그는 반주자의 위상을 정립하기 위해 모든 노력을 기울였고, 결국 반주자를 독주자와 동등한, 아니 더 높은 경지의 예술가로 격상시켰다.

"Am I too loud? (내 반주가 너무 크진 않나요?)"는 그의 트레이드 마크였다. 그는 언제나 자신의 소리를 낮추려고 애썼다. 슈바르츠코프의 대답도 유명하다. "He is never too loud."

이런 수줍은 반주자가 1967년 은퇴를 선언했다. EMI의 전설적인 프로듀서 월터 레그는 그의 은퇴 무대를 런던의 로열 페스티벌 홀에 마련해 주었다. 이 연주회에는 슈바르츠코프, 로스 앙헬레스, 피셔 디스카우 등 그의 동료들이 모두 참석했다. 평생 반주자로 무대 뒤편에 머물던 그가 은퇴하는 날에는 주인공이 되었다. 이 은퇴 기념 음악회의 실황 녹음은 〈A Tribute to Gerald Moore〉라는 이름으로 EMI에서 출반되어 역사적인 명반이 되었다. 유튜브에서도 이 연주회를 찾아볼 수 있다.

그 연주회에서도 그는 두 시간이 넘게 다른 성악가들의 반주를 맡았다. 예정된 공연이 끝난 후 40년간 반주만 해 온 68세의 피아니스트는 기립한 청중 앞에서 난생처음 독주를 시작했다. 그가 선택한 곡은 화려한 기교를 자랑하는 곡도, 마음껏 음악을 펼칠 수 있는 긴 곡도 아니었다. "부디 앉아주세요. 신사 숙녀 여러분, 오늘 밤 제가 반주자로서 겸손하지 못했을까 두렵습니다. 사실 저는 때때로 '내 반주가 너무 크지 않을까?'라고 스스로에게 묻곤 합니다. 오늘 이 멋진 밤을 마련해주신 데 대해 진심으로 감사드립니다. 저의 작별을 고하며, 고마운 마음을 이렇게 표현하고 싶습니다." 그는 피아노 앞으로 걸어가 마지막 앵콜곡을 연주했다. 바로 슈베르트의 〈음악에 An die Musik〉, 평생 피셔 디스카우의 목소리를 반주했던 바로 그 곡이었다.

너 축복받은 예술아, 얼마나 자주 참으로 음울한 시간에,

인생의 잔인한 현실이 나를 조일 때,

너는 나의 마음에 온화한 사랑을 불 붙였고,

나를 더 아름다운 세상으로 인도하였던가!

종종 한숨이 너의 하프에서 흘러나왔고,

달콤하고 신성한 너의 화음은

보다 나은 시절의 천국을 나에게 열어주었지,

너 축복받은 예술아, 나는 너에게 감사한다!

   마지막 곡으로 〈음악에〉를 홀로 연주함으로써 노년의 위대한 반주자는 자신을 이끌어 온 음악에 대한 사랑과 감사의 마음을 고백했다. 피셔 디스카우와 무어가 연주하는 〈음악에〉를 들어보라. 그의 반주가 얼마나 아름다운지를! 마치 밤하늘 구름에 가렸다가 다시 모습을 드러내는 어스름 달빛처럼, 그의 피아노 소리는 너무나 절묘하게 성악가의 음성 뒤에 살며시 숨었다가 나타나기를 반복한다.

   많은 사람들은 주역이 되고 싶어한다. 의료계나 과학계에도 자기 전공이 주역이라는 자부심이 지나쳐 다른 분야를 무시하고 폄하하는 일이 흔하다. 의대생들이 인기과를 선호하는

무대 위에서 제럴드 무어는 조연이었으나,
그의 삶은 그 어떤 주연보다 위대했다.

이유도 이와 무관하지 않다. 그러나 우리 주변에는 기꺼이 조역에 머물면서도 때로는 주역보다 더 위대한 인간 승리를 거두는 이들이 있다. 제럴드 무어가 바로 그런 사람이었다. 그는 진정한 예술가이자 새로운 음악의 지평을 연 개척자였다.

그의 고별 음악회 후 월터 레그는 이렇게 말했다. "다시 돌아와 주오, 무어. 그대의 연주는 너무나 아름다웠소."

50대에 시작한 새로운 도전, 레너드 번스타인

내가 대학에 다닐 때는 클래식 관련 잡지의 인기가 지금보다 더 높았다. 《음악동아》, 《객석》, 《월간음악》, 《월간FM》, 《레코드》 등의 잡지를 통해 음악 정보를 얻는 것은 물론, 유명 음악가들의 삶을 접할 수 있었다. 거듭되는 불운과 역경으로 점철된 클라라 하스킬의 인생은 처절했고, 천재성을 발휘함과 동시에 치명적 병마에 시달렸던 재클린 뒤 프레의 삶은 슬펐다. 나이 50대가 훌쩍 지난 지금 나는 미국의 지휘자 레너드 번스타인(Leonard Bernstein, 1918~1990)의 인생을 떠올린다.

레너드 번스타인은 20세기 중후반을 대표하는 가장 유명한 지휘자 중 한 사람이다. 특히 그는 미국에서 태어나 성공한 첫 번째 지휘자로서 미국인들의 사랑을 한몸에 받았다. 하버드 대학과 커티스 음악원에서 음악과 미학, 철학을 공부한 그는 지휘자뿐 아니라 작곡가, 피아니스트, 음악 교육자로도 명성을 떨친 천재였다. 커티스 음악원의 지휘 수업에서는 깐깐하기로 유명한 프리츠 라이너 교수로부터 유일하게 A학점을 받아 화제가 되기도 했다.

내가 번스타인을 처음 본 것은 의예과 시절, 어떤 TV 프로에서 잠깐 소개된 리허설 장면이었다. 그는 리허설 중 괴성을 지르거나 심지어 울기까지 했다. 당시 나는 선배의 권유로 매주 토요일 오전 전남대 음악과의 관현악 연습을 참관하고 있었는데, 그곳의 리허설 분위기와는 완전히 달랐다. '연습은 실전같이, 실전은 연습같이'라는 구호가 스포츠에만 적용되는 줄 알았는데, 번스타인은 음악에서 이를 실천하고 있었다.

그는 25세에 아르투르 로진스키의 발탁을 받아 뉴욕 필하모닉의 부지휘자가 되었고, 단 3개월 만에 20세기 음악 공연사상 가장 극적인 방법으로 지휘자로 데뷔했다. 1943년 11월 14일 오후 3시, 브루노 발터 지휘의 뉴욕 필하모닉 정기연주회가 카네기 홀에서 열릴 예정이었다. 그런데 발터가 지병인 위염에 감기가 겹쳐 지휘가 불가능한 상태가 되었고, 음악감독 로진스키는 보스턴을 방문했다가 폭설로 발이 묶였다. 리허설도 없이 갑작스럽게 지휘를 맡게 된 번스타인은 시작 부분이 까다롭기로 유명한 슈만의 〈만프레드 서곡〉을 시작으로, 미클로스 로자의 〈관현악곡 주제, 변주와 피날레 작품 13〉, 리하르트 슈트라우스의 교향시 〈돈키호테〉, 그리고 앵콜곡인 바그너의 〈마이스터징거 전주곡〉을 지휘해야 했다. 이전에 지휘해 본 곡은 바그너뿐이었다. 그러나 그는 이 난곡들을 완벽하게 소화해냈고, 청중의 기립 박수를 받으며 공연을 성공적으로 마쳤다. 《뉴욕 타임스》는 공연 직후 무대 뒤에서 단원들의 축하를 받는 번스타인의 사진을 실었다.

이후 그의 인생은 탄탄대로였을 것 같지만, 그렇지만은 않았다. 1950년대 초, 미국에 불어닥친 메카시즘 광풍 속에서 그는 공산주의자로 지목되어 고초를 겪었다. 그러나 1957년 그가 작곡한 뮤지컬 〈웨스트 사이드 스토리〉가 대히트를 기록하며 전성기가 시작되었다. 1958년에는 뉴욕 필하모닉의 음악감독에 취임했고, 이후 11년간 뉴욕 필의 황금시대를 이끌었다. 세계 최초로 말러 교향곡 전집을 녹음한 것과 CBS TV를 통해 미국 전역에 방송된 〈청소년을 위한 연주회〉 시리즈는 이 시기의 가장 큰 업적이며, 현재는 역사적 유산이 되었다. 번스타인과 뉴욕 필은 완벽한 조화를 이루었고, 음악 팬들의 절대적인 지지를 받았다. 그는 뉴욕 필의 종신 지휘자가 되었고 둘 사이의 관계는 영원히 지속될 것으로 보였다.

그런데 1969년 그는 돌연 뉴욕 필을 떠났다. 그의 나이 51세였다. 사퇴 이유는 작곡 활동에 더 많은 시간을 할애하기 위해서였다. 그는 유럽으로 진출하여 도이치 그라모폰과 전속계약을 맺고 빈 필하모닉의 객원 지휘를 맡으며 작곡 활동을 이어갔다. 이 시기에 카톨릭 미사 형식과 록 음악, 재즈를 혼합한 〈미사〉 등의 논쟁적인 작품들을 작곡했다. 또한, 오페라에도 깊은 관심을 보인다. 미국과 달리 유럽에서는 오페라의 인기가 매우 높았고, 최고의 지휘자들이 가장 중요하게 여기는 장르였다. 오페라를 지휘하지 않은 지휘자에게는 '콘서트 지휘자'라는 다소 폄하된 호칭이 붙을 정도였다. 이를 의식한 듯 1985년 그는 자신의 대표작 〈웨스트 사이드 스토리〉 전곡을 녹음할 때 오페라 성악가들을 주역으로 기용하기도 했다.

이제 그의 명성은 당시 지휘계의 황제로 불리던 헤르베르트 폰 카라얀에 버금가는 수준이 되었다. 오늘날 많은 사람들은 번스타인과 카라얀을 20세기 후반 지휘계의 양대 산맥으로 기억한다. 카라얀 사후 그는 지휘계의 살아있는 전설이 되었다. 1989년 독일이 통일되던 해의 크리스마스, 그는 무너진 베를린 장벽 앞에서 열린 역사적인 베토벤 교향곡 9번 연주의 지휘를 맡았다. 이는 지휘자로서 누릴 수 있는 최고의 영예였다.

나는 생각해본다. 만약 번스타인이 뉴욕 필에 안주했다면,

과연 이러한 위치에 오를 수 있었을까? 뉴욕 필의 전성기를 이끈 다재다능한 지휘자로만 기억되지 않았을까? 실제로 번스타인 이후 뉴욕 필은 점차 쇠퇴했으며, 후임 지휘자들인 피에르 불레즈, 주빈 메타, 쿠르트 마주어, 로린 마젤, 앨런 길버트 모두 과거의 영광을 되찾지 못했다.

 우리는 나이가 들수록 현실에 안주하는 경향이 있다. 특히, 기득권을 가진 사람일수록 더욱 그렇다. 정년이 보장된 교수들도 그런 안주의 늪에 빠지기 쉽다. 하지만 번스타인은 50대에 과감한 도전을 선택했고, 결과적으로 그는 유명한 지휘자를 넘어 '전설'이 되었다. 나 또한 나이 50을 지나면서 번스타인의 가르침을 되새긴다. 현실에 안주하지 않고 한 단계 더 높은 자신을 위해 끊임없이 노력하는 것, 나이를 먹더라도 배움을 게을리하지 않고 도전을 멈추지 않는 것, 그것이 번스타인이 내게 남긴 가장 큰 교훈이다.

평생에 걸친 노력, 파블로 카잘스

　의학과 생명과학의 발전으로 인간의 수명은 점점 연장되고 있다. 유발 하라리는 저서 『사피엔스』와 『호모 데우스』에서 생명공학 혁명이 결국 '길가메시 프로젝트'를 완성할 것이라고 예언한다. '길가메시'는 죽음을 없애려 했던 고대 메소포타미아의 영웅으로, 인류는 이제 불멸의 생을 희망하고 있다. 맥스 테그마크는 『라이프 3.0』에서 인간과 기계가 결합하여 육체와 정신을 설계할 수 있는 신인류의 탄생을 예고한다. 2005년에 시작된 '블루 브레인 프로젝트'는 인간의 뇌를 컴퓨터 안에서 완전히 재창조하는 것을 목표로 하고 있으며, 이것이 실현된다면 생명은 유기물의 영역을 벗어나 영생을 누리게 될 것이다.

　과연 인간이 오래 사는 것이 좋은 일일까? 100년 이상을 산다고 했을 때, 몇 살까지가 의미 있는 삶이고, 얼마 동안을 무의미하게 살아야 할까? 대부분의 사람들은 젊은 시절에 쌓아놓은 자격이나 경력을 기반으로 평생을 살아간다. 그렇다면 수명이 연장된다고 해서 우리가 과연 행복해질 수 있을까? 최근 인문학자들은 인생을 '이모작', '삼모작'하자고 말한다. 즉, 한 가지 경력이 끝나면 재교육을 통해 새로운 직업을 갖는 방식이다. 장수 시대에 의미 있는 삶을 유지하는 방법으로 여겨지고 있다. 하지만 한 사람이 평생을 오직 한 가지 일에 헌신하며 그 안에서 의미 있는 업적을 남긴다면 그 인생은 더욱 빛날 것이다. 자신의 삶을 한 가지 일에 철저히 바친 인물로 나는 첼리스트 파블로 카잘스(Pablo Casals, 1876~1973)를 떠올린다. 그의 96년 인생은 어느 한순간도 버릴 것이 없다고 느껴진다.

카잘스의 이름은 언제나 바흐의 〈무반주 첼로 모음곡〉과 함께 회자된다. 그는 이 불후의 명곡을 세상에 처음 소개하며, 첼로 연주의 새로운 지평을 열었다. 스페인의 카탈루냐 지방에서 태어난 그는 오르간 연주자인 아버지 덕분에 어린 시절부터 오르간, 피아노, 플루트, 바이올린을 연주했다. 첼로를 처음 연주한 것은 11세 때였다. 하지만 당시 첼리스트의 지위는 오르가니스트와 비교할 수 없을 만큼 낮았기 때문에,

그의 아버지는 아들이 첼로를 연주하는 것을 탐탁지 않게 여겼다고 한다. 그러나 카잘스는 첼로를 처음 연주한 순간 이 악기가 자신의 운명임을 깨달았다. 그리고 그 운명의 힘은 그를 이미 예정된 길로 강하게 이끌었다.

그가 13세가 되던 해, 중고 악보상점에서 우연히 바흐의 〈무반주 첼로 모음곡〉 전집 악보를 발견했다. 당시에는 대부분의 첼리스트들이 이 작품의 존재조차 몰랐거나, 알았다고 해도 단순한 연습곡 정도로만 여겼다. 그러나 카잘스는 바흐의 음악에 깊이 매혹되었고, 이를 연구하기 시작했다. 당시의 첼로 주법은 활을 쓰는 오른팔의 자유를 극도로 제한했기 때문에 운궁법에 한계가 많았다. 그는 이런 전통적 주법으로는 첼로 본연의 음색을 충분히 살릴 수 없으며, 바흐의 모음곡을 온전히 연주할 수 없다는 사실을 깨달았다. 이에 따라 그는 다양한 운궁법 개혁을 시도하여 첼로를 기존의 속박으로부터 해방시켰다. 이렇게 해서 첼로는 단순한 통주저음의 반주 악기가 아니라, 노래하는 악기, 독주악기로 거듭나게 되었다.

그는 12년간의 연구 끝에 25세가 되던 해 〈무반주 첼로 모음곡〉 전곡을 공개 연주를 통해 발표했다. 바흐의 시대 이후 한낱 무미건조한 연습곡으로 여겨지던 이 작품이 드디어 진정한 가치를 인정받게 된 것이다. 하지만 그가 이 곡을 최초로 녹음한 것은 그로부터 35년이 지난 60세 때였다. 사실 그는 오랜 기간 음반 제작자로부터 녹음 제의를 받았으나, 자신의 연주가 완벽해질 때까지 기다렸다. 한 작품을 세상에 알리는 데 무려 50년을 준비한 것이다! 녹음 작업은 3년간에 걸쳐 진행되었으며, EMI 레이블을 통해 대중에게 공개되었다.

음악평론가 이순열은 이 음반에 대해 다음과 같이 평가했다. "그의 연주는 저 히말라야의 준봉, 아니면 무한한 바다에서나 느낄 수 있는 그 장쾌한 세계가 펼쳐지고, 때로는 천지를 진동하듯이 굉음을 내면서 꺼져 내리는 눈사태와도 같은 처절함이 있는가 하면, 눈으로 하얗게 뒤덮인 고고한 준봉이 드높게 치솟기도 하고, 거센 파도가 산산히 부서지는가 하면, 인간의 고뇌를 잠재우듯이 잔잔한 물결이 무한한 평화를 안겨주기도 한다." 음악 역사의 한 켠에 물러나 잊힌 명곡을 부활시키는 데 바친 그의 60년은 참으로 가치 있는 삶이었다. 그의 시대 이후 무반주 첼로 모음곡은 첼리스트들이 가장 즐겨 연주하는 곡이 되었고, 전 세계 콩쿠르나 오디션의 필수 레퍼토리로 자리잡았다.

인간의 의미 있는 수명은 몇 살까지일까? 모차르트와 슈베르트의 창조적 개화가 절정을 이루던 30대? 괴테가 평생 동안 쓴 파우스트의 결정적인 부분을 완성한 40대? 베토벤이 9

개 교향곡을 포함한 모든 작업을 완성했던 50대? 아니면 카잘스가 바흐의 녹음을 마친 60대일까?

카잘스는 60대 이후에도 의미 있는 삶을 살았다. 그는 자유와 평화, 민주주의를 지키기 위해 나름의 방식으로 투쟁했다. 스페인 내전과 파시즘으로 무너진 조국을 재건하기 위해 연주 활동을 펼쳤으며, 나치 독일의 연주 요청을 거부했다. 70대 이후에는 프랑코 독재정권을 승인한 연합국에 항의하며 모든 연주 요청을 거부하고 은둔하기도 했다. 이후 알렉산더 슈나이더 등 동료들의 간청으로 다시 연주 활동을 시작하여 〈프라드 바흐 페스티벌〉을 탄생시켰고 〈말보로 페스티벌〉을 주관하는 등 후진 양성에 힘썼다.

그는 95세인 1971년 국제연합이 주는 평화상을 받았다. 시상식에서 노구를 이끌고 사랑하는 카탈루냐의 민요인 〈새의 노래〉를 연주한 것은 유명한 일화이다. 연설에서 그는 이렇게 말했다. "나는 카탈루냐 사람입니다. 오늘날은 스페인의 한 지방입니다만 카탈루냐는 이 지구상에서 가장 위대한 국가였습니다. 나는 카탈루냐의 짤막한 민요 한 곡을 연주하겠습니다. 이 민요는 〈새의 노래〉라고 불려지는 것인데, 하늘을 나는 새가 '평화! 평화! 평화!'라고 노래합니다." 그의 인생은 어느 한순간도 버릴 것이 없다. 그로 인해 사람이 오래 살아도 좋겠다는 생각이 들었다.

나는 젊은 시절, 오래 산다는 것에 큰 의미를 부여하지 않았다. 인생 말년에 의미 없는 삶을 살거나, 그나마 가치 있던 삶마저 그르치는 경우를 종종 보았기 때문이다. 위대한 인물들의 삶에서도 마지막 순간은 마치 빛나는 절정기 광휘의 끝자락에 길게 늘어진 사족처럼 느껴지는 경우가 많았다. 대학의 교수들도 젊은 시절 쌓아놓은 업적에 기대어 사는 경우를 종종 볼 수 있다. 심지어 자신이 길러낸 제자들의 업적을 마치 자기 것인 양 착각하는 교수들도 있다. 그러다 보니 학과 내에서 분란이 생기는 일도 드물지 않다.

미국 유학 시절 나를 지도했던 샘 갬비어Sam Gambhir 교수에게서 큰 감명을 받은 적이 있다. 그는 30명이 넘는 대학원생과 박사후연구원들을 지도하면서 각자에게 서로 다른 연구주제를 주고 연구를 진행하게 했다. 그의 연구실에서 배출된 제자들은 대학이나 연구소에 자리 잡은 후 자신이 배운 연구 주제를 계속 발전시켜 나갔다. 일부는 독자적인 연구 주제를 발굴하기도 했지만 대부분은 교수님에게서 배운 내용을 기반으로 연구를 진행하고 있었다. 결국 교수님은 끊임없이 새로운 아이디어를 창출하고, 제자들은 그 아이디어를 발전시키며 자기 경력을 쌓아갔다. 10년이 지나고 보니 교수님의

그는 12년에 걸친 탐구 끝에 바흐의 무반주 첼로 모음곡
전곡을 세상에 처음 선보였고, 그로부터 35년이 지난
예순의 나이에 비로소 첫 녹음을 남겼다. 그는 음악사의 한 켠에
조용히 잊혀졌던 이 명곡을 되살리는 데 60년의 인생을 바쳤다.

(사진 좌측부터 시계방향으로 프리츠 크라이슬러,

해럴드 바우어, 파블로 카잘스, 발터 담로쉬. 출처: Wikimedia Commons)

연구는 10년 전과 비교할 수 없을 정도로 변화하고 발전해 있었다. 그의 제자들 중에서 성공한 이들은 배운 것을 더욱 진보시킨 사람들이었고, 기존 연구에 안주한 사람들은 점차 학계에서 사라졌다. 갬비어 교수를 보면서 내가 깨달은 것은 훌륭한 교수가 되는 길은 자신의 살을 제자들에게 계속 떼어주면서도, 자신은 끊임없이 새로운 살을 만들어 내는 것이라는 점이었다. 나는 이것이 학문을 발전시킨 원동력이라고 믿는다. 의미있는 인생은—카잘스처럼 불멸의 인생은 아닐지라도—현실에 안주하거나 남에게 기대지 않고 평생 자신을 발전시키기 위해 끊임없이 노력하는 삶이라는 것을, 나는 카잘스에게서 배웠다.

"아름답게, 눈물이 날 만큼 아름답게"
모차르트의 미소

오스트리아 잘츠부르크 출신의 작곡가 볼프강 아마데우스 모차르트(Wolfgang Amadeus Mozart, 1756~1791)는 인류 역사상 손꼽히는 천재다. 그의 등장 이전 역사 속 '글로벌 천재'로는 레오나르도 다빈치와 아이작 뉴턴 정도가 꼽혔다. 모차르트는 불과 35년의 짧은 생애 동안 600편이 넘는 작품을 남겼으며, 오페라, 교향곡, 협주곡, 실내악, 합창곡, 독창곡 등 장르를 가리지 않고 작곡했다. 성악과 기악의 모든 영역을 넘나들며 후대 서양 클래식 음악에 지대한 영향을 끼친 그의 작품은 방대한 양만으로도 놀라울 따름이다. 악보를 전문 필사자가 손으로 옮겨 적는 데만 수십 년이 걸릴 정도라고 한다. 영화 〈아마데우스〉에서는 모차르트가 당구대 위에서 공을 굴리며 작곡하는 장면을 연출할 정도로, 상상할 수 없는 속도로 작품을 만들어 냈다.

그런 천재였지만 자신의 재능만으로 수월하고 안락한 삶을 살지는 못했다. 당시 음악가들은 대개 교회나 궁정에 소속되어 활동했는데, 모차르트도 잘츠부르크의 영주였던 대주교 아래에서 일했다. 처음엔 음악에 대한 안목이 있던 대주교 슈라텐바흐로부터 좋은 대우를 받았지만, 유럽 최고 수준의 작곡가로 성장한 그에게 잘츠부르크는 너무 협소한 무대였다. 이탈리아에서 본 대규모 오페라를 작곡하고 싶었지만, 이를 상연할 공연장이 없었다. 더구나 슈라텐바흐가 사망하고 후임으로 부임한 대주교 콜로레도는 권위적이었고 음악가를 하인처럼 대했으며, 모차르트가 과감한 화성이나 복잡한 대위법을 사용하는 것을 금지하였다. 결국 모차르트는 천재성을 마음껏 펼칠 수 없는 환경에 부딪혀 대주교와 충돌했고, 굴욕적인 방식으로 쫓겨나 1781년 음악의 중심지 빈으로 향한다.

빈에 도착한 모차르트는 더 이상 왕궁이나 귀족의 후원을 얻으려 하지 않고, 과감하게 '프리랜서 작곡가'의 길을 택했다. 당시 빈은 산업혁명의 여파로 시민계급이 출현하고 계몽주의가 확산되던 시기였다. 그는 왕족이나 귀족이 아닌 시민들을 위한 음악을 작곡하기 시작했으며, 음악을 잘 모르는 시민들이 쉽게 따라 부를 수 있으면서도 심오한 음악적 내용을 갖춘 곡들을 창작했다. 또한 피아노 협주곡을 현악 4중주로도 연주할 수 있도록 작곡해 일반 시민도 쉽게 연주할 수 있게 했다. 프리랜서로서 생활을 유지하기 위한 방편이었지만, 예술성과 대중성을 모두 충족시키려 했던 이 작곡법은 모차르트가 아니면 불가능했을 것이다.

이 시기 그는 대규모의 오페라를 작곡하였는데, 귀족들의 위선과 탐욕을 신랄하게 풍자하는 혁명적 메시지를 담고 있었다. 〈돈 조반니〉 1막 마지막에서는 주인공의 선창에 맞춰 남녀 합창단이 "자유 만만세 Viva la liberta"를 외치고, 2막 끝에서는 참회를 거부한 돈 조반니가 불구덩이에 떨어져 죽는다. 정치적으로 매우 위험한 내용을 담은 오페라였다. 또한, 〈피가로의 결혼〉에는 여성의 권리를 주장하는 내용이 포함되어 있다. 이들 작품이 발표된 2, 3년 뒤인 1789년에 프랑스 대혁명이 일어난 것도 우연은 아닐 것이다. 이후 1791년 9월 30일, 프랑스 혁명 직후에 초연된 〈마술피리〉에서는 "빛의 세력이 어둠의 세력에게 승리했다"고 선언한다.

이 오페라들은 그의 예술적 정점이었지만, 동시에 경제적 몰락의 원인이 되기도 했다. 당시에는 시민계급이 발달하고 있었지만, 자유 작곡가를 충분히 후원할 만큼의 재력이나 출판 인프라, 피아노 보급 등이 아직 미비한 시기였다. 결국 귀족들의 심기를 건드린 모차르트의 오페라들은 흥행에 실패했고, 씀씀이가 헤프던 모차르트 부부는 큰 경제적 어려움에 처하게 된다. 그의 죽음에 대해서는 여러 설이 있으나, 경제적 파산 상태에서 과로와 병으로 사망했을 것으로 보는 것이 일반적이다. 이 위대한 작곡가는 결국 묘비도 없이 공동묘지에 다른 시신들과 함께 매장되었다.

모차르트는 현실에 안주하지 않고 불합리한 사회제도에 정면으로 맞서 싸운 음악가였다. 최초의 프리랜서 작곡가였고, 귀족이 아닌 시민을 위한 음악을 창작한 최초의 인물이기도 하다. 만약 그가 없었다면 서양음악의 역사는 달라졌을 것이고, 우리가 아는 베토벤도 존재하지 않았을 것이다.

그래서일까 모차르트 음악에는 언제나 짙은 슬픔이 배어있다. 그것은 단순한 감상이 아니라 자신의 음악을 이해하지 못하고 억압하는 사회제도에 대한 깊은 슬픔일 것이다. 그러나 이 슬픔은 격조 높은 아름다움으로 감싸여 있어 쉽게 드러나지 않는다. 클래식 음악을 잘 모르는 사람이라도 피아노 협주곡 21번 2악장이나 클라리넷 협주곡 2악장을 들어보면 금세 느낄 수 있다. 소리 내어 울지 않지만 고요한 미소 속에 슬픔을 간직한 눈빛, 그것이 모차르트의 음악이다. 그의 음악을 단지 경쾌하고 아름답기만 하다고 여겨, 마치 달콤한 당의정처럼 연주하는 연주자가 있다. 중대한 오류이다. 모차르트 음악에 내재된 깊은 슬픔을 표현하지 못한다면 진정한 연주라 할 수 없다.

　스웨덴의 영화 〈엘비라 마디간〉은 이러한 모차르트 음악의 본질을 정확히 꿰뚫는 작품으로 평가받는다. 영화 전반에 걸쳐 흐르는 피아노 협주곡 21번 C장조 2악장은 모차르트 음악의 비밀을 상징처럼 드러낸다. 영화는 탈영한 장교 식스틴 중위와 서커스 무희 엘비라 마디간이 이루어질 수 없는 사랑에 빠지는 이야기다. 사회로부터 도피해 오직 사랑만을 선택한 두 사람은 곧 사랑만으로는 살 수 없다는 현실을 절감한다. 예정된 비극을 앞두고 마지막 피크닉을 떠난 두 연인은 와인을 마시며 나눈 마지막 눈맞춤에서도 끝내 눈물을 흘리지 않는다. 마지막까지 격조 있게 슬픔을 다스리는 것이 마치 모차르트의 음악을 설명하려는 것 같다. 두 연인은 포옹을 하고 장교는 여인에게 총을 겨누지만 여인은 나비를 발견하고 밝은 미소를 짓는다. 두 발의 총성이 울린 뒤, 미소 짓는 여인의 얼굴이 정지된 화면에 클로즈업되며 영화는 끝난다.

　미래가 없는 두 연인이 끝까지 격조 있게 슬픔을 다스리는 모습, 심지어 죽음을 마주한 순간에도 천진한 미소로 슬픔을 승화시키는 태도, 그것이 모차르트 음악의 본질이다. 단지 아름답기만 한 것이 아니라, 깊은 슬픔을 내재하고, 그 슬픔을 고귀하게 승화시켰기에 그의 음악은 더욱 위대하다. 그래서 대 지휘자 브루노 발터는 모차르트의 음악을 지휘할 때마다 이렇게 읊조렸다고 한다. "아름답게…눈물이 날 만큼 아름답게……".

베토벤을 성장시킨 독일의 도시 본

 연초에 미뤄두었던 『베토벤 평전』을 읽었다. 저자 얀 카이에르스는 루트비히 판 베토벤(Ludwig van Beethoven, 1770~1827)에 관한 모든 자료를 철저히 분석하고, 그의 업적과 삶을 객관적 시각으로 조명해 800쪽이 넘는 방대한 책을 저술하였다. 책에서 가장 인상 깊었던 부분은 베토벤이 고향 본Bonn에서 보낸 어린시절이었다.

 베토벤은 1770년 독일 본에서 태어났다. 그는 바흐, 헨델 등 고전음악의 선구자들을 깊이 연구했고, 하이든과 모차르트로부터 많은 영향을 받았지만, 결국 자신만의 탁월한 음악 세계를 창조했다. 고전주의 음악 양식을 완성하고, 타의 추종을 불허하는 음악적 규모를 구축하여 낭만주의 시대의 문을 열었다. 그가 중요시한 '리듬'은 훗날 스트라빈스키와 같은 현대 작곡가들에게도 큰 영향을 주었다. 그래서 그의 이름 앞에는 '음악의 성인(악성, 樂聖)'이라는 칭호가 붙는다.

베토벤의 첫 스승은 크리스티안 고틀로프 네페로 알려져 있다. 그는 요한 제바스티안 바흐의 둘째 아들, 카를 필리프 에마누엘 바흐의 제자로서 베토벤에게 '올바른 건반악기 연주법'을 철저히 가르쳤다. 그 바탕 위에서 베토벤은 14세에 제2궁정 오르가니스트로 임명되어, 연봉까지 받는 어린 음악가가 되었다.

이 무렵 베토벤의 주변에는 큰 변화가 있었다. 쾰른 선제후이자 대주교였던 막시밀리안 프리드리히와 베토벤 아버지를 후원하던 총무대신 벨더부슈가 사망한 것이다. 성장기였던 베토벤에게는 위기일 수도 있는 상황이었다. 그러나 후임 선제후로 부임한 인물은 마리아 테레지아 황후의 막내아들이자 신성로마제국 황제 요제프 2세의 동생인 막시밀리안 프란츠 대공이었다. 그는 이후 베토벤의 성장에 큰 영향을 미친다.

음악에 대한 조예가 깊고, 계몽적이며 진보적 성향을 가진 프란츠 대공은 국가개혁을 추진했다. 당시 독일 서쪽 변방에 위치한 본은 프랑스와의 국경 문제로 긴장이 끊이지 않던 전략적 요충지였다. 프란츠 대공은 유연한 정책으로 계몽주의와 진보주의 노선을 택했고, 강력한 긴축재정을 통해서 예산 낭비를 줄이는 한편 고위층의 특권을 제한했다. 특히 엘리트 육성에 힘을 쏟았는데, 1786년에는 본에 대학을 설립하고 다양한 계몽주의 철학자들을 교수로 초빙했다. 대학이 교수들의 자유로운 사고를 보장하고, 종교의 구속에서 벗어난 진보적인 교육기관으로 커 가면서 본은 1780년대 말 진보주의의 중심지로 자리잡게 되었다.

이러한 진보적 철학과 예술의 분위기는 어린 베토벤의 성장에 큰 영향을 주었다. 많은 사람이 임마누엘 칸트의 철학에 열광했고, 셰익스피어의 연극에 환호했다. 프리드리히 실러는 아직 널리 알려지지 않았지만, 그의 연극은 청중의 큰 지지를 받았다. 훗날 베토벤은 위대한 교향곡 9번 4악장에서 실러의 시 〈환희의 송가〉를 사용한다.

프란츠 대공은 긴축정책으로 마련한 예산으로 음악과 연극의 인프라를 확충했다. 전임자의 숙원이던 궁정 오페라단을 설립하고, 낡은 궁정극장을 전면 보수했다. 악단에는 보헤미아 출신의 유능한 음악가들이 대거 고용되었는데, 그들의 동유럽 특유의 음향 감각과 감성이 베토벤에게 깊은 영향을 주었다. 본의 궁정악단은 빈, 파리, 베를린, 밀라노에 견줄 만한 유럽 최고의 수준으로 성장하게 된다.

베토벤은 흔히 '노력형 천재'로, 타고난 천재인 모차르트와 자주 비교된다. 아버지 덕분에 어린 시절부터 유럽 순회 연주 여행을 하며 명성을 쌓은 모차르트와 달리, 베토벤은 10대 후반까지 본을 벗어난 적이 없었다. 모차르트의 고향 잘츠부르크에는 대규모 오페라 공연장이 없었고, 대주교는 모차르트를 무시하며 그의 재능을 방해하기 일쑤였다. 결국 모차르트는 음악의 본고장 빈으로 떠난다. 반면, 베토벤의 고향 본은 젊은 그에게 성장의 발판을 제공해주었다. 베토벤 역시 하이든의 영향을 받아 빈으로 떠나지만, 그는 죽을 때까지 고향 본을 그리워했다.

베토벤은 고난과 역경을 극복한 인물로 기억된다. 음악가로서 청력을 상실했음에도, 그는 내면의 청각으로 수많은 걸작을 탄생시켰다. 전문가들은 그가 일상의 삶을 희생하면서도 예술적 성취를 이룬 배경에, 방대한 독서에서 비롯된 숭고한 영적 체념과 깊은 사색이 있었다고 본다. 그는 호메로스를 비롯한 고대 작가들, 셰익스피어와 실러의 희곡, 칸트의 철학, 신학, 동양 사상 등 다양한 분야의 책을 탐독했다. 그리고 말년에는 민족주의나 이념을 뛰어넘는 세계주의적 음악 세계를 펼쳤다. 이 모든 것의 밑바탕에는 어린 시절 본에서 경험한 자유로운 사고와 교육이 있었다.

독일의 본처럼 내가 살고 있는 광주·전남 지역도 대한민국의 변방에 해당한다. 서울과 수도권에 모든 인적·물적 자원이 집중되어 있는 현실 속에서, 지방의 교육과 연구 환경은 상대적으로 열악하다. 서울의 유명 대학과 같은 수준의 시스템은 꿈도 꾸기 어렵고, 체념과 자조가 느껴지기도 한다. 이런 환경에서는 설령 베토벤과 모차르트와 같은 인재가 있다 하더라도, 그들의 재능은 꽃피우기 어렵거나 결국 떠날 수밖에 없다.

고 신영복 교수는 "변화는 중심이 아니라 변방에서 나온다"고 강조했다. 인류 문명의 흐름이 끊임없이 중심에서 변방으로 이동해 온 역사를 생각해볼 때 이는 미래 지향적 통찰이다. 앞날을 내다보며 준비하는 것이 대학의 역할이라면, 이것이야말로 지금 우리가 고심해야 할 명제가 아닐까? 신 교수의 말처럼 "변방에서 새로운 것을 만들어 현실을 고쳐 나가고, 후에 중심부로 들어가더라도 변방의 관점을 잃지 말아야 한다. 다만, 변방이 진정한 '힘'이 되려면 중심부에 대한 열등의식이 없어야" 한다. 우리 스스로가 변화의 주체임을 인식하고, 새로운 역량을 강화해야 한다. 중앙정부의 정책적 배려와 지원을 받는 것도 중요하지만, 지방자치단체와 주민들의 각성과 분발 역시 필요하다. 우리 지역은 독일의 본처럼 진보적 베토벤의 고향 본은 젊은 그에게 성장의 발판을 제공해주었다. 베토벤은 본격적인 작곡 활동을 위해 빈으로 떠났지만, 죽을 때까지 고향 본을 그리워했다.

(사진은 빈 콘체르트하우스의 중앙 로비에 있는 베토벤 조각상)

민주주의의 전통을 가지고 있으며, 학문과 예술을 즐기고 가꾸는 문화적 토양도 갖추고 있다. 18세기의 변방 도시 본이 위대한 음악가 베토벤을 배출했듯, 오늘날의 광주·전남이 미래의 레전드를 키우는 성장 발판이 되기를 진심으로 소망해 본다.

늙은 세상에 너무 젊게 태어난 음악가
― 에릭 사티

 이십 년 가까이 살던 집을 떠나 이사를 했다. 같은 동네의 언덕 위에 자리한 아파트인데 산속에 들어온 듯 조용하다. 이전 아파트에서는 층간 소음 때문에 휴대폰과 블루투스 무선 이어폰으로 음악을 들어야 했다. 이번 집은 맨 아래층이어서 큰맘 먹고 오디오 세트를 장만했다. 고심 끝에 고른 덴마크제 스피커와 영국산 앰프가 전해주는 풍성한 음악을 듣고 있으면 머릿속의 근심이 사라지고 행복감이 밀려온다. 이 스피커는 특히 피아노 소리가 유난히 좋아 평소에 잘 듣지 않던 피아노곡을 자주 감상하게 되었다.
 몹시 흐리고 바람이 많이 불던 주말 아침이었다. 거실 창문 앞 언덕에서 나뭇잎이 심하게 흔들리며 쉬익쉬익 소리를 냈다. 스산한 분위기에 문득 에릭 사티(Erik Satie, 1866~1926)의

〈짐노페디Gymnopedie〉가 듣고 싶어져 음원을 연결했다. 이 음악을 처음 들었을 때, 현대적 감각과 세련된 분위기가 느껴져 당연히 뉴에이지 음악일 거라고 생각했다가 1888년에 작곡되었다는 사실에 깜짝 놀랐었다. 또 다른 대표곡인 〈그노시엔느Gnossienees〉 역시 단순하면서도 세련된 현대적 느낌을 주지만 1889년부터 1893년 사이에 작곡되었다. 그의 음악이 오늘날 광고, 드라마, 영화의 배경음악으로 자주 사용되는 것을 보면, 그가 시대를 앞서간 인물임은 분명하다.

에릭 사티는 한 세기 전 프랑스에서 활동한 작곡가이자 피아니스트였다. 그가 만든 음악은 당대에는 인정받지 못했지만, 드뷔시와 라벨 같은 동시대 거장들에게 깊은 영향을 끼쳤다. 어린 시절 어머니를 여의고 기숙학교에서 피아노를 배우며 음악에 눈을 떴고, 파리음악원에 입학했으나 음악적 재능을 인정받지 못하고 아카데미즘에 대한 반발심만 키운 채 입대하게 된다. 그러나 군대에서도 조직 생활에 적응을 못해 병을 얻고 의가사 제대하게 된다. 이후 그는 파리 몽마르트의 카바레 등지에서 피아노를 연주하고 작곡하며 생을 이어갔다.

그는 당시 음악계가 쌓아온 낭만주의의 전통, 즉 심각함, 진지함, 아카데미즘이 청중을 고려하지 않는 폐쇄적인 음악이라며 이를 전면 부정했다. 공공연히 '반反 바그너적的 음악'

을 주창하고 다녔다. 그가 1893년에 작곡한 〈벡사시옹 Vexations〉은 단 한 페이지로 이루어진 악보지만, 악보의 맨 윗자리에 '이 모티브를 고요하고 진지하게 840번 반복하시오'라고 지시되어 있어서 연주하는 데 13시간이 넘게 걸린다. 실제로 이 곡은 1963년 존 케이지(John Cage, 1912~1992)를 비롯한 여러 피아니스트들의 릴레이 연주로 처음 완주되었다. 연주자들은 빠르거나 느리게, 부드럽거나 기계적으로 등 자기 방식대로 연주했고, 관객들 역시 자거나 책을 읽거나 이야기하거나 음식을 먹는 등 자유로운 모습이었다고 한다. 또 다른 작품 〈가구음악 Musique d'Ameublement〉 초연 프로그램에는 이렇게 적혀 있었다. "관객들은 음악이 흐르는 동안 연주에 절대 신경 쓰지 말 것. 걸어 다니고 이야기하고 음료수를 마실 것."

이러한 파격적 시도는 거창하고 특권층에게 가까웠던 음악을 일반 대중에게 돌려주려는 시도였다. 그에게 예술은 특별한 것이 아닌 생활 속의 일부여야 했다. 피카소도 비슷한 말을 한 적이 있다. "내 그림의 대상은 어디에나 있는 평범한 물건이다. (…) 예를 들면 나는 루이 15세의 안락의자를 절대로 그리지 않을 것이다. 그것은 '누구나'를 위한 대상이 아니다." 사티는 중후함과 장대함, 모호함에 반발하여 기존 음악의 구조와 장식을 제거한 '앙상한 음악'에 집착했다. 〈그노시엔느〉에서는 악보의 마디를 없애고 박자 기호를 생략하는 실험을 감행했다.

   그러나 그의 삶은 일반인의 관점에서는 매우 불행하였다. 생전에는 음악이 인정받지 못했고, 사랑하는 사람과 가정을 이루지 못했다. 3평 남짓한 비좁은 방에서 평생 혼자 빈곤하게 살다가 59세에 알코올 중독과 간경화로 사망했다. 그가 일생을 통해 사랑했던 유일한 여인은 수잔 발라동(Suzanne Valadon, 1865~1938)이었다. 그녀는 르누아르 등의 화가 모델로 활동하다가, 어깨너머로 그림을 배워 프랑스 최초의 국립예술원 여성 회원이 되었다. 사티는 그녀와 6개월간 열정적인 연애를 나눈 뒤 청혼했지만 거절당했고, 이후 평생 독신으로 지냈다. 그 시기에 만든 곡이 바로 〈Je Te Veux (나는 당신을 원해요)〉이다. 이 곡은 사티가 세상을 떠난 지 38년이 지난 1963년, 프랑스 영화감독 루이 말Louis Malle이 영화 〈도깨비불〉에 삽입하면서 전 세계적으로 인기를 끌게 되었다. 죽은 후에 공개된 그의 거처에는 침대와 책상, 중고 피아노, 12벌의 회색 벨벳 양복, 수잔이 그려준 사티의 초상과 사티가 그린 수잔의 그림과 함께, 수잔에게 썼지만 부치지 못한 편지 한 묶음이 있었다.

"나는 너무 늦은 시대에 너무 젊게 왔다." 그가 남긴 유명한 말이다. 그의 시대는 후기 낭만주의 시대였고, 그의 신고전주의적 감각과 뉴에이지에 가까운 음악을 수용하기에는 너무 늦은 시대였다. 그는 늘 이단자로 취급받았고, 죽은 후에도 오랫동안 잊혔다. 그를 이해하던 사람들 마저도 그의 사후에는 언급을 멈췄고, 그의 음악은 연주되지 않았다. 오랜 세월이 지난 후 루이 말 감독의 영화를 통해 그의 음악이 다시 조명되면서 부활을 맞이했다. 시대를 앞서간 천재의 전형인 빈센트 반 고흐Vincent van Gogh의 영화 〈영원의 문에서At Eternity's Gate〉에도 유사한 장면이 나온다. 정신병원에서 퇴원 여부를 심사하러 온 신부와의 대화다.

> 신부: 당신 그림을 산 사람이 있나요?
>
> 고흐: 아뇨, 아직 없어요.
>
> 신부: 가난하겠군요.
>
> 고흐: 네. 그런 편이죠.
>
> 신부: 그럼 생활비는요?
>
> 고흐: 제 동생 테오가 생활비를 대주죠.
>
> 신부: 그럼 주님께서 당신을 괴롭게 하려고 이 재능을 주셨다고 생각해요?

고흐: 그렇게 생각해본 적은 없어요. 가끔 드는 생각은 아마도 주님께서 시대를 잘못 선택하신 것 같아요. 아직 태어나지 않은 사람들을 위한 그림을 제가 그리게 하신 거죠.

고흐처럼 사티도 시대를 앞서갔다. 음악의 형식을 해체하고 음표로 가득 찬 악보에 '침묵'과 '공백'을 들여오며 새로운 음악의 지평을 열었다. 그러나 그 대가로 가난과 외로움은 그의 평생을 그림자처럼 따라다녔다. 세월이 지나서 그의 음악이 재조명받고 있지만 아직도 우리가 아는 유명 작곡가들의 그늘에 가려져 있다. 여전히 그의 시대는 오지 않은 것일까? 그의 일기에서는 시대를 앞서간 예술가가 겪는 고독과 외로움이 절절하게 느껴진다.

"나는 이 낮고 낮은 땅에 왜 왔을까? 즐겁게 지내려고? 형벌로? 무언가 알 수 없는 임무로? 휴식 삼아? 아니면 그냥 우연히?
나는 태어나 얼마 안 된 아이일 때부터 내가 작곡한 음들을 흥얼거리고 노래 불렀지.
그래, 내 모든 불행은 거기서 시작된 거야."

"나는 너무 늦은 시대에 너무 젊게 왔다."

그가 살던 후기 낭만주의 시대는 그의 신고전주의적 감각과

뉴에이지에 가까운 음악을 수용하기에는 너무 늦은 시대였다.

(사진은 에릭 사티가 말년을 보낸 프랑스 아르쾨유에 있는

'에릭 사티 거리'의 표지판. 출처: Wikimedia Commons)

위대한 유산

어둠속에 있는 사람들의 마음에
빛을 보내는 것—그것이 예술가의 의무다.

로베르트 슈만 Robert Schuman

음악을 들을 줄 안다는 것

 "음악을 한다는 것은 연주할 줄 아는 것이 아니라 들을 줄 안다는 뜻이다." 이탈리아 출신의 세계적인 지휘자 클라우디오 아바도(Claudio Abbado, 1933~2014)의 말이다. 그는 연주는 듣기에서 출발하는 작업이라고 굳게 믿었고, 평생에 걸쳐 연주자에게 듣는 능력을 강조했다. 피아노를 배운 그가 어린 시절 아버지의 바이올린 연주를 반주한 적이 있었는데, 아버지는 아들에게 적극적인 듣기를 주문했다고 한다. 서로의 음악을 주의 깊게 경청하는 것이야말로 음악을 심도 있게 지각하는 방법이라는 가르침이었다. 볼프강 슈라이버가 쓴 『아바도 평전』에는 아버지의 가르침을 회상하는 대목이 나온다. "아버지가 알려준 본질적인 비밀은 함께 음악을 할 때 연주 자체보다 듣는 능력이 훨씬 중요하다는 것이었다. 아버지는 음악에서 '반주'가 무엇을 의미하는지 가르쳤다. 그것은 주의 깊게 귀를 기울이면서 상대방 마음속으로 들어가 말로 표현하지 못한 것과 감정과 사고까지 포착하려는 대화와 똑같다고 했다."

'잘 들으라'는 학창 시절 실내악을 연주할 때 선배들로부터 자주 듣던 말이기도 하다. 소규모의 실내악에서는 각 파트 간의 균형과 조화가 중요하고, 이를 어기면 금방 드러나게 되어있어서 '듣기'가 강조된다. 경험이 얕은 연주자일수록 자신의 소리를 내는 데만 급급하거나 다른 사람의 음악을 인지하는 능력이 아직 발달하지 않아 '듣기'가 잘 실천되지 않는다. 대형 오케스트라는 다양한 악기군으로 구성되어 있고 음악의 구조가 복잡하며 규모도 커서 다른 연주자의 소리를 듣기 쉽지 않고, 그 중요성 또한 간과되기 쉽다. 아바도는 '듣기'를 대형 오케스트라에 적용하여 실내악과 같은 오케스트라를 평생 지향했다.

클라우디오 아바도는 밀라노의 음악가 집안에서 태어나라 스칼라 오페라 하우스, 런던 심포니 오케스트라, 빈 국립 오페라 극장, 베를린 필하모닉 오케스트라의 음악감독을 거치면서 음악계 최고의 실력자로 이름을 떨쳤다. 특히 1989년, 헤르베르트 폰 카라얀의 후임으로 베를린 필하모닉 오케스트라의 상임 지휘자가 되었다. 그는 카라얀, 뵘, 번스타인, 첼리비다케, 클라이버, 므라빈스키 등으로 대표되는 제왕적 지휘자 시대를 마감하는 새로운 세대의 상징이었다. 내향적인 모습과 소박한 미소에서는 영웅보다 학자 또는 고행자의 풍모가 느껴진다. 그는 무대에 입장할 때 이른바 '지휘 권력'의 상징인 지휘봉을 관객의 눈에 보이지 않게 쥐고 있다가, 연주를 시작하기 직전에야 비로소 소매에서 꺼냈다. 리허설에서도 자기의 뜻을 일방적으로 지시하지 않고, 연주자들이 스스로 미묘한 조율점을 찾아낼 수 있도록 만들어 가는 것으로 유명했다. '하지 마라'라는 분위기를 조성하기보다 나눔과 책임의 문화를 만들려고 한 것이다. 그것이 '들으라'는 요청으로 나타났고, 상대방의 음악을 잘 듣는 것에서 음악의 비밀을 풀어냈다.

아바도는 2000년에 위암 수술을 받았고, 2002년에 베를린 필하모닉의 상임 지휘자직에서 물러났다. 경력에서 절정의 순간이 지나고 내리막이 시작되는 것처럼 보였다. 하지만 음악 인생의 진정한 황금기는 여기서부터 시작되었다. 그는 위암으로 쓰러지기 수년 전부터 자신이 손수 선발한 음악가들로 구성된 오케스트라를 만들고 싶은 꿈이 있었다. 제왕적 지휘자들의 시대가 저물 무렵 이들의 통치에 이골이 난 유럽과 미국의 오케스트라 연주자들은 노동조합을 결성하여 출연료와 근무시간을 철저하게 협상했다. 음악을 위한 연주가 근무를 통한 연주로 바뀐 것이다. 그의 꿈은 임금과 규정에 따라 '근무'하는 직장 같은 오케스트라와는 다른, 친구처럼 스스로 모여 오로지 음악에만 몰두하는 오케스트라를 만드는 것이었다.

아바도는 루체른 페스티벌의 총감독 미하엘 헤플리거를 설득하여 매년 200만 스위스프랑의 투자를 끌어내, 2003년에 루체른 페스티벌 오케스트라를 탄생시켰다. 이 오케스트라는 아바도의 이상에 동조하는 유럽의 유명 교향악단 단원, 실내악 연주자, 유명 솔리스트들로 구성되었고, 매년 루체른 페스티벌 기간에 자발적으로 모여 한 달 정도 활동한 후 해산하였다. 아무 규칙도 제약도 없는 오케스트라, 음악에 대한 이상을 품은 초일류 음악가들로 구성된 오케스트라, '듣기'를 실현하고자 하는 '대규모의 실내악단'이 창단된 것이었다.

아바도와 루체른 페스티벌 오케스트라의 명연주들은 유튜브 뮤직을 통해 생생하게 감상할 수 있다. 연주회 동영상에는 콜리야 블라허, 자비네 마이어, 한스-요하임 베스트팔, 나탈리아 구트만, 볼프람 크리스트 등 유명 연주자들이 한자리에 모여 연주하는 놀라운 모습이 담겨있다. 이것이 가능했던 것은 아바도의 리더십 덕분일 것이다. 지휘자가 요구하고 명령하는 관례적인 방식이 아니라, 단원들이 자기 책임하에 연주하며 상대방의 음악을 듣도록 이끄는 음악적 신조가 이런 리더십을 만들어 낸 것이다. 아바도의 말을 들어보자. "나는 우리가 늘 함께 이야기를 나누는 것을 바람직하게 생각한다. 특히 개선할 수 있는 여지가 있을 때는 더욱 그렇다. 하지만 대화보다 중요한 것은 듣기다. 리허설에서 나는 이러이러한 것은 틀렸다고 말하지 않는다. 그저 이렇게만 말한다. '이거 들었어요? 방금 같은 부분을 연주한 다른 주자들의 연주를 들었어요?' 연주에서 가장 중요한 것은 듣기다." 그의 경청의 리더십은 초일류 단원들의 전문가적 자부심을 자연스럽게 가족적인 감성으로 변화시켰다. 예술적 자율성을 토대로 실내악과의 친연성과 우정이라는 가치가 더해진 것이다.

아바도가 직접 오케스트라를 만든 것이 루체른에서 처음은 아니었다. 그는 1978년에 런던에서 유럽공동체 청소년 오케스트라를 공동 창립하였고, 1981년에는 유럽 체임버 오케스트라, 1986년에는 빈에서 구스타프 말러 청소년 오케스트라를 조직했으며, 1997년에는 말러 체임버 오케스트라를 탄생시켰다. 당연히 이때 양성된 연주자들이 루체른에 대거 합류했다. 그가 '듣기'라는 음악적 신념을 같이하는 친구들과 만드는 음악은 상대적이고 역동적이었다. 리허설과 연주 때마다 음악의 템포나 균형은 미묘하게 바뀌었다. 지휘자를 포함한 연주자들의 음악에 대한 반응, 즉 듣기를 통한 반응이 조금씩 달랐기 때문이었다. 아바도가 선사한 자유와 함께 연주자들은 매번의 공연을 새로운 경험으로 만들 수 있었다. 루체른의 연주자들이 아바도를 사랑하고 신뢰했던 이유이고, 아바도 음악의 힘이라고 말할 수 있다.

루체른 페스티벌 오케스트라의 연주회 동영상을 보면 가끔 관객석에 사이먼 래틀이 보인다. 아바도의 후임으로 베를린 필의 상임 지휘자를 지낸 인물이다. 그가 아바도와 나눈 대화를 보면 '듣기'의 심원함이 느껴진다. "사이먼, 내 병은 심각하지만 그 결과가 나쁘지만은 않아. 왠지 나의 내면에서 나오는 소리가 들리는 느낌이야. 위장의 상실이 내면의 귀를 선물한 기분이야. 그게 얼마나 놀라운 느낌인지 표현할 길이 없어. 당시 음악이 내 생명을 구했다는 걸 나는 확신해." 음악을 듣기 위한 평생에 걸친 노력과 암과의 사투가 그에게 내면의 귀를 선물한 것이다. 그가 좋아했던 작곡가 루이지 노노의 사상과도 연결된다. "듣는 것은 매우 어렵다. 특히 정적 속에서 상대방을 듣는 것은 매우 어렵다. 상대방이 내는 소리와 선율에서 생각과 관념을 듣는 것은 어렵다. 우리의 눈과 생각과 지성을 객관화한 채로, 듣는 것만으로 내면을 깨우는 것이 매우 중요하다."

음악에서처럼 인생에서도 우리는 들을 줄 알아야 한다. 듣는 사람보다 말하는 사람이 더 돋보이는 게 현실이다. 토론회에서도 발언을 자주 하는 사람이 토론을 잘하는 것처럼 느껴진다. 야구에서 공을 던지는 투수가 받는 포수보다 더 돋보이는 것과 같은 이치일 것이다. 하지만 야구를 좋아하는 사람들은 포수가 얼마나 중요한지 잘 안다. 나 역시 듣기보다는 말하기를 더 좋아하는 사람이다. 특히 손아랫사람을 만나면 말이 많아진다. 지도학생들을 만날 때, 그들의 얘기를 듣고 싶은데 말문을 트기가 쉽지 않다. 그들의 진솔한 이야기를 끌어내기 위해서는 특별한 노력이 필요하다. 아바도가 그랬듯 듣는 사람이 자유롭게 느끼고 생각하고 반응하는 분위기가 그 시작일 것이다.

음악을 감상할 때 나를 가장 매혹시키는 것은 멜로디의 물결 속에서 들려오는 비올라나 첼로, 또는 관악기의 예상치 못한 선율이다. 인생도 마찬가지일 것이다. 익숙한 이야기들 사이에서 속삭이듯 들리는 작은 목소리에 귀를 기울여 보자. 그 목소리에 창의와 혁신이 숨어 있을지도 모른다. 아바도는 우리에게 너무나 많은 음악의 기억들을 남겼지만, 더불어 인생의 큰 교훈도 남겼다. "인생에서도 음악에서도 우리는 들을 줄 알아야 상대방을 이해하고 그의 말을 따라갈 수 있다. 다른 사람의 마음속으로 들어가 말로 표현하지 못하는 감정과 생각까지 내포하는 침묵의 소리도 들을 줄 알아야 한다."

송창식의 미소

 지난 추석 연휴 마지막날, 김대중 컨벤션센터에서 가수 송창식의 공연을 보았다. 송창식의 열렬한 팬인 나는 요즘 들어 그의 공연을 빠짐없이 관람하려고 한다. 일흔을 훌쩍 넘긴 나이를 생각하면, 그의 음악을 직접 들을 수 있는 시간이 그리 많이 남지 않았을지도 모른다는 생각에서다.
 송창식이 TV에 자주 출연하고 인기가 높던 시절에 나는 초등학교 3, 4학년이었다. 그의 TV 출연이 예고되면 어머니의 허락을 받기 위해 숙제를 일찍 끝내는 등 많은 노력을 기울였다. 그런데 몇 년이 지나자 송창식은 그리움의 대상이 되었다. 박정희 정권의 독재가 심화되면서 대학생들이 즐겨 부르던 그의 노래들이 금지곡이 되었고, 그 역시 대중매체에서 자취를 감췄다. 그를 다시 볼 수 있는 순간은 오직 새로운 음반

을 발표해서 인기 차트 1위를 차지했을 때뿐이었다.

나의 청소년기는 녹음 테이프를 들으며 그를 그리워하던 시기였다. 주로 대학생들에게 인기가 높았던 그에게 어린 내가 열광했던 이유는 무엇이었을까? 주옥같은 노래도 좋았지만 무엇보다 그의 미소가 좋았다. 나는 그가 한국인 중 가장 아름다운 미소를 지닌 사람이라고 생각한다. 그는 무엇이 그렇게 좋은지 하회탈처럼 뻥긋 웃으며 다닌다. 공연할 때는 별다른 말없이 얼굴이 터질 듯 미소를 지으며 연신 노래만 불러 댄다.

그런 미소의 주인공이면 세상살이의 고단함을 전혀 모르고 자랐을 것 같지만, 그는 어린 시절 매우 불우했다. 한국전쟁 때 아버지를 잃었고, 어머니마저 집을 떠나면서 누이동생과 함께 외가에서 어렵게 성장했다. 하지만 공부는 엄청 잘해서 인천의 명문 인천중학교에서 1, 2등을 다퉜다. 음악에 대한 관심도 남달라 초등학교에 입학하기 전부터 6학년 음악 교과서를 다 익혔다고 한다.

그는 담임 선생님의 만류를 뿌리치고 서울예고에 진학해 지휘자가 되려 했다. 음악 레슨을 받아본 적도 없었지만 선천적으로 노래를 잘했고, 입시 필기 시험을 워낙 잘 치러 명문 서울예고에 합격했다고 한다. 그러나 클래식 음악을 전공하기엔 형편이 너무 어려웠다. 서울예고 학생들은 필수적으로 개인레슨을 받아야 했고, 레슨 교사의 추천을 받아야 학기말 실기시험을 볼 수 있었다. 하지만 그는 레슨을 받을 경제적 여유가 없었고, 결국 실기점수는 항상 0점이었다. 더욱이 그는 인천에서 서울로 다닐 통학비가 없어 학교 창고에서 잠을 자며 학업을 이어갔다. 동기였던 지휘자 금난새는 이렇게 회고했다. "음악을 엄청 잘하던 친구가 있었다. 점심시간이 되면 수돗가에서 물로 배를 채우곤 했는데, 어느 날 학교를 그만두었다. 훗날 알고 보니 그가 송창식이었다." 그는 학교에서 유급 문제가 거론되자 그날로 말없이 학교를 그만두었다.

이후 그는 전국을 떠돌며 방랑 생활을 한다. 양아치, 거지들과 어울리기도 했다. 여전히 음악을 좋아해 서점에서 책을 훔쳐 헌책방의 음악책과 바꿔 보기도 했다. 그 시절 자신만의 명상법을 터득했다고 한다. "사람이 추운 날 밖에서 자려면 몸을 최대한 웅크리고 숨을 작고 길게 들이마시고 내쉬어야 합니다. 안 그러면 추위를 견디기 어렵죠. 그런데 그걸 한참 하다 보니 상상도 못한 일이 생겼어요. (…) 어느 순간 지식이 몸속으로 쏟아져 들어오는 듯한 경험을 했어요. 처음에는 내가 머리가 좋아서 그런 줄 알았는데 그게 아니었습니다. 전혀 배우지 않은 것을 알게 되었으니까요."*

  방랑 생활을 그만두고 서울로 돌아온 그는 공사장에서 야간 경비를 하며 낮에는 홍익대에 다니던 친구에게 기타를 배웠다. 홍대 잔디밭에서 기타를 치며 노래하던 그에게 '쎄시봉' 사람들이 찾아왔다. 그는 가수가 될 운명이었던 것이다. 극작가 슈테판 츠바이크의 말이 떠오른다. "운명이란 내면에 규정되어 있던 것이어서, 우리의 길이 한동안 열망으로부터 벗어나 있는 듯이 보여도, 결국 운명은 우리 눈에는 보이지 않은 목표로 우리를 이끌어간다." 쎄시봉 시절 이후의 이야기는 생략하겠다. 우리가 잘 아는 대로 그는 한국 가요사에서 가장 노래를 잘하는 가수이자 가장 창의적이고 한국적인 천재 뮤지션이 되었다.

  이토록 어려운 성장과정을 거친 그가 아름다운 미소를 갖게 된 비결은 무엇일까? 방랑 시절 터득한 명상법처럼 평생 음악 수련을 통해 얻어낸 '관조의 미소'일까? 그는 젊었을 때부터 지금까지 하루도 빠짐없이 기타와 노래연습을 해왔다고 한다. 그의 음악적 지식과 통찰이 어느정도 수준인지 바이

---

* 이종탁 사회에디터, 이종탁이 만난 사람 '세시봉 열풍' 송창식, 경향신문, 2011년 2월 28일

올리니스트 조진주와의 인터뷰를 보면 알 수 있다.[**] 인터뷰 일부를 요약해 본다.

    서양음악은 수학과 물리학을 통해서 발전해 왔다. 1초당 몇 헤르츠가 발생하는지 연구하고 거기에서 비롯된 평균율을 갖고 절대적인 '음의 위치(12음계)'를 만들었다. 즉, 음과 음 사이엔 수학 개념이 적용된다. 서양의 '튜닝'이 우리에게 '음정'이라는 단어로 번역되지만, 실제로 '튜닝'은 포지션(위치)의 개념이고, 음정은 '음의 정도(범위)'이다. '작곡'을 뜻하는 영어 단어인 'composition'은 포지션들을 조합하고 합쳐 놓은 걸 의미한다. 포지션의 복잡한 이동을 위해 화성학의 규칙들이 생겨났다. 이렇게 복합적인 포지셔닝으로 만든 것이 서양음악의 정체이다. 그러니 '포지션(위치)'과 '음정(범위)'을 구별하지 못하면 제대로 된 음악을 할 수가 없다.

    반면에 동양권에서 다뤄지는 '음정'은 '음' 안에서 변화를 추구할 수 있다. 국악에서 한음으로 호흡을 계속 지탱할 때, 정확하게는 개별의 1개음이 아니라 일정 범위 내에서 변화한다. 궁·상·각·치·우는 서양 계이름과 비교되지만 완전히 다른 성격을 갖는 것이다. 박자도 마찬가지다. 서양에서는 2는 같은 크기의 1이 두개가 만났다는 식이지만, 동양의 2는 하나의 존재가 둘로 나누어지는 것으

[**] 조진주, 가수 송창식 '소리, 그 너머의 세계를 찾아서', 《객석》, 2015년 8월 1일

그는 고단한 어린 시절을 지나왔지만,

누구보다 따뜻하고 아름다운 미소를 지녔다.

그래서일까. 그가 만든 음악의 아름다움 속에는

말로 다 설명할 수 없는 슬픔이 조용히 스며 있다.

모차르트의 선율처럼

그의 음악은 눈물이 날 만큼 아름답다.

로 정리된다. 따라서 수를 세는 방법이 본질적으로 서로 달라서 박자를 세는 개념도 다를 수밖에 없다.

그래서 그는 '연습'과 '훈련'의 중요성을 강조한다. 노래를 잘하고 기타를 잘 치기 위해서가 아니라, 음과 박의 포지셔닝을 정확히 구현함으로써, 동서양의 음악적 표현을 모두 잘하기 위해 연습을 한다는 것이다. 그의 인터뷰를 읽다 보니 오래전 바이올리니스트 김영욱 교수의 인터뷰가 생각났다. 우리나라 연주자들이 바흐와 베토벤 등 유럽의 고전주의 음악을 연주할 때, 내재된 박자감과 음감이 서양인과 달라 어려움을 겪는다는 것이었다. 음악학자 이강숙 교수가 말했던 '만분의 일의 음악적 시간을 철저히 조절하는 능력'이 바로 이것을 의미하는가 보다.

그는 젊은 시절에도—지금보다는 좀 더 우수가 깃들어 있었지만—항상 웃는 얼굴이었다. 힘든 시절을 겪었지만, 그는 슬픔을 미소로 승화시키는 능력을 가졌던 것이다. 그래서일까, 그가 만든 아름다운 음악에는 언제나 슬픔이 내재되어 있다. 〈피리부는 사나이〉에는 그의 방랑 시절이, 〈왜 불러〉에는 그를 버린 어머니의 흔적이 담겨있다. 내가 가장 좋아하는 〈나의 기타 이야기〉는 가장 아름다운 음악이 가장 슬플 수도 있다는 역설을 떠올리게 한다. 대 지휘자 브루노 발터가 모차르트의 음악을 지휘할 때마다 읊조렸다는 말처럼. "아름답게…. 눈물이 날 만큼 아름답게…."

이번 공연에서 송창식은 최근 받은 목 수술 때문인지 예전의 매끈한 미성을 들려주지는 못했다. 그러나 기타리스트 함춘호와 함께 만들어내는 경쾌하고도 변화무쌍한 박자감은 여전했다. 음악에 대한 이해가 깊어지면서 그의 미소는 더 밝고 익살스러워졌다. 평생 음악의 비밀을 찾기 위해 구도자의 삶을 사는 사람, 슬픔을 웃음으로 승화시킬 수 있는 천부적 성품을 지닌 사람이 가질 수 있는 미소. 그것이 송창식 미소의 비밀이다. 나도 언젠가는 저런 미소를 갖고 싶다.

노래로 시대를 새긴 거인, 김민기

 2024년 7월 21일, 김민기 선생이 세상을 떠났다는 슬픈 소식이 들려왔다. 향년 73세. 2023년에 위암 4기 판정을 받았다는 소식에 이어 소극장 '학전'의 폐관 소식이 전해지고, SBS에서 다큐멘터리 〈학전 그리고 뒷것 김민기〉가 방영되더니 기어코 부고 소식이 나오고야 말았다. 김.민.기. 석 자 이름은 최소한 우리 7080세대에게는 상수常數였다. 그의 이름은 언론에 거명되든 아니든 항상 우리의 의식 속에 존재하고 있었다. 아마도 현대사에서 대중의 의식을 그토록 강하게 지배한 사람도 드물 것이다. 그는 일생을 통해 다른 지도자와는 구별되는 독특한 영웅의 유형을 보여주었다. 그가 자칭한 '뒷것'이 바로 그것이다.

 군부 독재 시기 그는 대중의 마음을 움직이는 '저항의 뒷

것'이었다. 앞에 나서서 민중을 이끌지 않았음에도 불구하고 영향력은 막대했다. 독재정권은 이런 '뒷것'의 파급력을 가장 두려워했다. 민주화가 이루어진 이후에도 그는 스포트라이트를 받는 예술가, 가수, 배우들의 무대 뒤에서 그들을 비추는 '뒷것'으로 남았다. 학전을 통해 수많은 스타가 탄생했지만, 그는 늘 변함없는 모습으로 그들 뒤에 서 있었다. 언뜻 보기엔 무뚝뚝하고 표정이 없어 어려운 사람 같았지만, 그의 미소에는 소박하고 순수한 어린이의 그것이 담겨 있었다.

  학창 시절 친구들은 술자리에서 김민기의 노래를 자주 불렀지만, 나는 부르지 못했다. 그의 노래를 감히 불러 댈 자격이 없다고 생각했기 때문이다. 마치 비기독교인이 아름다운 찬송가를 듣고 선뜻 따라 부르지 못하는 것처럼. 1980년대 중반 전남대학교는 반독재 시위의 중심지였다. 나는 시위 현장을 지켜보거나, 시위대 맨 뒤에 있다가 도망가는 정도에 그쳤다. 그런 마음의 빚 때문에 사람들 앞에서 그의 노래를 부를 수 없었던 것이다. 다만 혼자 있을 때 흥얼거리고, 그의 음악을 반복해서 들었다. 비록 남들 앞에서 자신 있게 외쳐 부르지는 못했지만, 그의 음악은 언제나 거대한 감흥과 성찰을 주는 신성한 존재였다. 지금도 양희은이 낭랑한 목소리로 부른 〈아침이슬〉은 교과서처럼 들리지만, 김민기가 다소 어눌

한 저음으로 부른 노래는 더욱 마음 깊은 곳을 울린다.

그의 인생 유·청년기를 되짚어 보면, 그는 수재의 전형이었다. 1951년 전북 익산에서 10남매 중 막내로 태어났다. 의사였던 아버지는 한국전쟁 중 인민군에 의해 희생되었고, 어머니 혼자 자식들을 다 키워냈다. 전쟁이 끝난 후 서울로 이주한 그는 어려운 형편 속에서도 경기중학교, 경기고등학교를 거쳐 서울대학교 미술대학 회화과에 입학했다. 미술과 음악 모두에 뛰어난 재능을 가졌던 그는 서울대 음대에서 피아노를 전공한 누나의 영향을 받아 기타와 작곡을 독학으로 익히며 두각을 나타냈다. 그의 내면은 애초에 음악으로 규정되어 있었던 듯하다. 미대에 입학한 이후, 운명의 여신은 의도를 드러내어 그를 정치적으로 암울한 시대의 저항 음악가로 이끌어 간다.

19세였던 1970년 8월 민중가요의 대표작 〈아침이슬〉을 작사, 작곡했다. 음반은 이듬해인 1971년에 양희은과 김민기가 각각 따로 발표했다. 김민기가 이 곡의 악보를 찢어 쓰레기통에 버렸는데, 이를 본 양희은이 찢어진 악보를 맞춰 자신이 부르고 싶다고 하자 김민기가 허락했다는 일화가 전해온다. 이 곡은 1975년 군사정권에 의해 금지곡이 되었다. '태양은 묘지 위에 붉게 떠오르고'라는 가사가 불순하다는 이유였다. 하지만 가사 전체의 맥락을 보았을 때 전혀 납득할 수 없는 판단이다. 이 노래의 화자는 '잠 못 이룰 아픔조차 이슬처럼 영롱하게 바라보고, 고통 속에서도 미소를 배운다. 지금 겪고 있는 시련이 8월 한낮의 불볕 태양처럼 가혹하지만 서러워하지 않고 당당히 도전'한다. 이는 긍정과 도전의 서사시이다. 지금 한참 진행 중인 올림픽에 출전한 MZ세대 대표선수들이 떠오르는 가사가 아닌가! 그러나 당시에는 고통받는 이웃을 노래하는 것조차 불순하게 여긴 시대였다.

    그의 노랫말에는 늘 어려운 이웃과 함께 숨 쉬고, 느끼고, 고통받고, 사랑하고, 연대하는 이야기가 은유적으로 담겨 있다. 그는 "노래라는 게 말하고 음하고의 조합인데, 그 조합 관계에서 난 아직도 해결 못한 숙제가 많다"고 말했다. 그는 노랫말을 가장 중요하게 여겼다. 어느 인터뷰에서 '오적' 시절의 김지하 시인을 언급하며 "내가 대학 초년생일 때 우리말의 생동감을 처음으로 각인시켜 준 은사님"이라 말했다. 그는 자신의 노래들을 통해 '우리말의 생동감'을 한껏 구현해낸다. 노랫말 하나하나를 지을 때 "작게는 노랫말 하나를 다루는 자세, 즉 낱말 하나하나마다 정서의 빛깔이 다른 것을 생각하며 우리말의 질감을 최대한 섬세하게 살핀다."라고 얘기한다. 그래서일까, 그의 노래를 듣고 또 듣다 보면 그 시리도록 정답고 아름다운 가사가 귀에 남는다. 김민기의 노래가 오랫동안 사람들의 가슴 속에 남아 있는 이유는 바로 언어에 대한 그 특별한 정성과 감수성 때문일 것이다.

그는 음악을 통해서 얻은 깨달음을 실생활에서도 빠짐없이 실천했다. 그처럼 자신이 믿는 바를 온몸으로 실천한 사람도 드물 것이다. 그의 말에서 실천의 깊이를 엿볼 수 있다. "미술이건 예술이건 중요한 건 시각의 변화예요. 수평으로만 보는 게 아니라 대각선 위를 앙각으로 보기도 하고 아래를 내려다보기도 해야 하죠. 아동극에 자꾸 매달리는 이유도 같은 맥락이에요. 세상을 아이들의 시선으로 보면 어떨까? 그런 상상을 하는 거죠." 그가 대학로에 있는 소극장 학전의 경영난에도 불구하고 아동극에 매달린 것은 소외당하는 '아이들의 시각'을 세상에 알리기 위해서였다. 소년의 순수함과 노년의 달관이 공존하는 김민기라는 인물만이 고집할 수 있는 신념이었다.

또한 그가 음악을 통해서 터득한 소수자에 대한 시각은 놀라울 정도로 심오하다. "우리가 일상적으로 쓰는 말 가운데 하나 바꾸고 싶은 게 있어요. '쉼표'라는 말인데, 보통 제일 익숙한 게 4분의 4박자 네 마디의 악보인데, 대부분 그 넷째 마디 끝에 4분 쉼표가 하나 있죠. 근데 이건 '쉼'이 아니라 '숨'이에요. 나는 수영을 좋아하는데, 수영할 때 잠깐 올라와 숨 쉬는 시간이 바로 그거예요. 마지막 16분의 1은 그 이전의 16분의 15를 내뱉기 위해 들이마시는 숨이죠. 쉬는 게 아니고 전체를 살리기 위한 '숨표'예요! 16분의 1은 16분의 15와 등가예요. 마이너리티는 그런 의미지요. 소수자에 대한 복지는 그냥 퍼주는 게 아니라, 전체를 살리는 생명의 호흡인 거에요." 그렇다! 음악은 소리의 예술이지만, 침묵이 없으면 소리도 존재할 수 없다. 침묵 역시 음악을 지배한다. 16분의 15를 차지하는 소리가 아름답기 위해서는 16분의 1을 차지하는 침묵의 도움이 필요하다.

 김민기의 위대함은 음악과 삶, 사회 속에서 얻은 깨달음을 평생 일관되게 실천해온 데 있다. 〈아침이슬〉과 같이 시대를 상징하는 명곡을 작곡한 천재 음악가였지만, 그는 명예나 부를 좇지 않고, 젊은 예술가 양성과 소수자의 권익을 위해 자신의 삶을 헌신했다. 그는 새 시대의 리더가 선택할 수 있는 한 가지 전형을 우리에게 남겨주고 떠났다. 결코 남 앞에 나서지 않고, 뒤에 서서 모두를 받쳐주는 '뒷것'의 모습이 그것이다. 우리 사회의 지도자들이 그의 노래 〈아름다운 사람〉 속에 나오는 '울고 서 있는 처마 밑의 아이, 벌판의 달려가는 아이, 눈 오는 날 산 위에 우뚝 선 아이'를 위한 '뒷것'이 되기를 바란다.

임윤찬과 연결된 세상

얼마 전 내가 창업한 회사의 일로 샌프란시스코에 다녀왔다. 회사가 미국 존슨앤존슨의 포트폴리오기업에 선정되면서 샌프란시스코에서 열리는 바이오 투자자 포럼Bio Investor Forum에 참가할 특혜가 주어진 것이다. 이 행사는 투자기관과의 1:1 미팅 형식으로 진행되는데, 학술대회와는 또 다른 역동성이 있었다. 해외의 수준 높은 투자자와의 미팅에서 배울 점이 많았고, 해마다 악화되는 국내의 바이오 투자 환경과는 달리, 해외 투자자들의 다양한 관심과 투자 문화, 그리고 유연한 프로그램을 접하며 새로운 희망을 가질 수 있었다.

이번 미국 여행의 또 다른 기억거리는 항공기 안에서 관람한 영화 〈크레센도〉였다. 임윤찬이 우승한 2022년 반 클라이번 국제 피아노 콩쿠르의 예선부터 최종 경선까지의 여정을 다룬 음악 다큐멘터리이다. 반 클라이번 콩쿠르는 미국 텍사스 포트워스Fort Worth에서 4년에 한 번씩 열리는 국제 피아노 콩쿠르로 유명 피아니스트 반 클라이번Van Cliburn의 이름을 기념하여 1962년부터 개최되고 있다.

반 클라이번은 1958년 제1회 차이코프스키 국제콩쿠르의 피아노 부문에서 우승했다. 냉전시대의 소련은 자국 음악의 우수성을 전 세계에 과시하기 위해 이 콩쿠르를 창설했는데, 첫 대회에서 미국 청년이 덜컥 우승해버린 것이다. 일약 미국의 영웅이 된 그는 귀국 길에 뉴욕에서 성대한 우승 퍼레이드를 벌였다. 그의 우승을 공식 발표하기 전, 심사위원단의 만장일치 결정을 보고받은 소련 서기장 흐루쇼프는 "그가 최고라면 그렇게 하라"고 승인했다는 일화도 전해진다. 오늘날에도 그의 우승은 정치가 만든 증오를 예술적 감동으로 극복한 상징으로 남아 있다.

이런 역사적 맥락을 지닌 반 클라이번 콩쿠르 2022년 대회에서도 정치를 예술로 극복한 또 하나의 장면이 펼쳐졌다. 콩쿠르 참가자 30명 중에 러시아 출신과 우크라이나 출신이 있었던 것이다. 반 클라이번 콩쿠르는 18세에서 30세 사이의 피아니스트를 대상으로 하는데, 먼저 비디오 심사를 통과한 30명이 포트워스 시에 모여 예선, 준준결선, 준결선, 결선을 치른다. 결선에 오른 6명 중에는 임윤찬과 러시아 여성 안나 게뉴셰네, 우크라이나 남성인 드미트로 쵸니가 있었고, 결국 세 사람은 각각 1, 2, 3위를 차지했다. 러시아 최초의 콩쿠르에서 우승한 미국인을 기념하기 위해 창설된 대회에서, 지금 전쟁 중인 러시아와 우크라이나 출신 연주자가 각각 은메달과 동메달을 받았다는 사실은 그 자체로 깊은 울림을 주는 이야기이다.

사실 반 클라이번 콩쿠르에 두 사람이 함께 참가했다는 것만으로도 큰 화제를 불러일으켰다. 일부에서는 러시아 출신 연주자의 참가를 막아야 한다는 주장도 있었다고 한다. 안나 게뉴셰네는 인터뷰에서 다음과 같이 말했다. "저는 조국을 사랑하지만 지금 벌어지는 일 때문에 가슴이 찢어져요. 러시아 국민 다수가 지금 우크라이나에서 벌어지는 일을 지지한다고 말할 수 없어요. 지지하지 않죠. 사실 텍사스에서 열리는 예선 라운드에 참가 못 할 거라 생각했어요." 그녀는 임신 6개월의 몸으로 참가해 은메달을 차지했다. 그녀의 수상은 정치가 만들어 놓은 경계와 갈등을 뛰어넘는 음악의 힘을 보여준다.

이 영화의 주인공은 단연 1위를 차지한 임윤찬이다. 그의 느릿느릿 어눌하게 얘기하는 모습을 보고 있으면, 이 세상 사람이 아닌 듯한 인상을 받는다. 그는 참가 자격이 주어지는 18세에 이 대회를 우승하며 최연소 우승의 기록을 세웠다. 예선에 참가한 30명의 연주자 가운데는 임윤찬 외에도 김홍기, 박진형, 신창용 등 세 명의 한국인 피아니스트가 더 있었고, 이들 모두 12명이 겨루는 준결선 무대까지 진출했다.

임윤찬은 예선에서는 스티븐 허프Stephen Hough의 〈팡파레 토카타〉를, 준준결선에서는 바흐의 〈음악의 헌정 리체르카레〉를, 준결선에서는 리스트의 〈초절기교 연습곡〉을, 결선에서는 라흐마니노프 피아노 협주곡 3번과 베토벤 피아노 협주곡 3번을 연주했다. 각각의 라운드마다 40분 이상 연주하기 때문에, 청중은 연주자의 실력을 점차적으로 파악해 가는 것 같았다. 라운드가 거듭될수록 무대에 등장하는 임윤찬에게 보내는 관객들의 반응이 점점 뜨거워졌고, 특히 결선 마지막 곡인 라흐마니노프 피아노 협주곡 3번을 연주하러 나올 때는 그의 우승을 예감한 듯한 박수갈채가 객석에서 쏟아져 나왔다.

라흐마니노프 협주곡 3번은 피아노 협주곡 중에서도 최고의 난곡으로 손꼽히는 작품인데, 그의 연주는 콩쿠르 우승자의 수준을 훌쩍 넘어 피아노 예술의 극치를 보여주는 명연주였다. 영화에서는 임윤찬의 연주가 끝난 직후, 반주를 맡았던 포트워스 심포니 오케스트라 단원들이 무대 뒤 임윤찬에게 다가와 축하 인사를 건네는 장면이 나온다. "제가 선물을 받았어요. 영광입니다." "눈부신 연주였어요. 감동적이었고 리허설 때와 다른 느낌이었어요." "이 연주를 평생 기억할 거예요." "절대 잊지 못할 연주였어요. 정말 대단해요." "축하해요. 전설로 남을 무대에요. 세계 최고 수준의 연주였어요." 함께 사진을 찍고 싶어하는 연주자들도 여럿 있었다. 결선이 끝난 후 어떤 마음으로 연주했느냐는 인터뷰 질문에 임윤찬은 이렇게 대답했다. "오늘 마음을 다해서 연주했어요 Today I played my heart out. 그리고 이 연주를 하늘에 계신 위대한 예술가들과 제 스승님과 친구들과 텍사스 관객께 바칩니다."

콩쿠르가 끝난 지 2년이 지난 지금, 임윤찬은 세계 최고의 연주자로 성장하고 있다. 한국에서만 음악교육을 받았던 그는 2023년 가을부터 보스턴의 뉴잉글랜드 음악원에서 학업을 이어가고 있으며, 미국과 유럽 등지에서 활발하게 연주 활동을 펼치고 있다. 한국에도 자주 방문하지만, 그의 공연을 직접 보기는 쉽지 않다. 예매가 시작되자마자 티켓이 매진되기 때문이다. 아이돌급 인기가 오히려 성장을 가로막지 않을까 염려될 만큼 큰 관심을 받고 있지만, 진정한 거장으로 성장할 것이라는 데에는 의심의 여지가 없다. 누구보다도 뛰어난 실력을 갖추고 있을 뿐 아니라, 음악에 대한 압도적인 장악력으로 청중을 끌어당기기 때문이다. 그 압도적 장악력은 단지 테크닉에서 비롯된 것이 아니라, 누구와도 비교할 수 없는 음악에 대한 열정과 통찰에서 비롯된 것이다.

그는 리스트의 〈순례의 해 2권 '이탈리아'〉 7번째 곡 〈단테를 읽고〉를 연주하기 위해 단테의 〈신곡〉을 거의 외우다시피 했다고 한다. 작품을 해석하고 표현하는 데 있어 음악 이외의 예술적 맥락과 정신세계를 함께 받아들이려는 태도는 그가 얼마나 진지하고 깊이 있는 연주자인지를 보여주는 단적인 예이다. 영화의 마지막에 나오는 독백은 그의 예술관과 통찰을 엿볼 수 있는 인상적인 장면이다. "미국에는 멋진 대자연이 있지만 저는 시간이 별로 없어요. 계속 연습하고 싶고 위대한 피아노 작품들을 계속 배우고 싶으니까요. 제 스승님께서 늘 말씀하셨어요. 훌륭한 사람이 되면 세상을 향해 목소리를 내야 한다고요. 저는 (아직은) 아니지만 모든 위대한 예술가의 사명이라고 생각해요."

10월 초 임윤찬이 거장의 길로 성큼 나아가고 있다는 반가운 소식이 전해졌다. 세계적인 권위를 자랑하는 '그라모폰 뮤직 어워즈'에서 무려 2관왕을 차지한 것이다. 이 상은 흔히 '클래식 음반계의 오스카상'이라 불릴 만큼 권위있는 상으로, 전 세계 클래식 애호가들의 주목을 받는다. 임윤찬은 데카 레이블로 나온 〈쇼팽: 에튀드〉로 피아노 음반 부문과 젊은 예술가 부문을 동시에 수상했는데, 한국인 피아니스트가 이 상을 받은 것은 이번이 처음이다. 피아노 부문 최종 후보에는 임윤찬의 〈쇼팽: 에튀드〉와 〈리스트: 초절기교 연습곡〉, 표트르 안데르제프스키의 〈바르톡, 야나체크, 시마노프스키 작품집〉이 올랐는데, 세 후보작 중 두 작품이 임윤찬의 음반이었다는 점에서도 그의 위상이 새삼 느껴진다. 결국 〈에튀드〉가 〈초절기교 연습곡〉을 단 한 표 차로 제치며 수상의 영예를 안았고, 피아노 부문 1위와 2위가 모두 임윤찬의 음반으로 채워지는 진기한 결과가 나왔다. 그는 더 이상 콩쿠르 우승자라는 수식어에 머무르지 않는다. 이제 그는 분명히 대가의 길에 들어선 새로운 시대를 대표하는 피아니스트로 자리매김하고 있다.

그라모폰 상 수상 소감 또한 깊은 울림을 주었다. "음악을 만들어 나간다는 것은, 세상은 모든 것들이 연결되어 있기 때문에 제가 살아오면서 경험하고 느낀 것들을 포함해 사소한 모든 것이 표현되는 것이죠. 저희 부모님의 말투부터 제 눈으로 본 모든 것, 듣고 느끼고 경험한 것, 배운 것, 이 모든 것들이 제 음악에 녹아 있어요. 이런 큰 상을 받아야 할 사람은 제 가족, 선생님, 에이전시, 위대한 예술가들, 그리고 제 친구들입니다. 저와 제 음악은 제 주변 사람들에게 깊이 감사해야 합니다."

자신의 음악이 천재성의 산물이 아니라, 자기를 둘러싼 모든 관계와 경험, 존재들이 만들어낸 총체라는 이 믿음은 일종의 신비주의적 관점이기도 하다. 그리고 이러한 그의 인식은 현대 물리학의 '양자장 이론'과 맞닿아 있다. 미국의 양자물리학자 데이비드 봄David Bohm은 "모든 공간 속에 스며 있는 양자장quantum field은 모든 입자를 초공간적으로 연결하고 있다."고 설명했다. 세계의 실상은 전자와 같은 아원자 입자들이 허공 속에 흩어져 떠도는 것이 아니라, 실제적이고 생명력 있는 하나의 장場 속에서 만물이 불가분의 그물망처럼 서로 얽혀 있는 구조라는 것이다.[*] 우리가 인식할 수 있는 차원을 넘어선 더 깊고 본질적인 차원이 존재한다는 양자장 이론은 도교나 불교, 힌두교 철학의 세계관과도 맥을 같이 한다.

미국의 정신과 의사 데이비드 호킨스는 인간의 의식 수준을 17단계로 구분했는데, 그중 최고 단계인 '영적의식'에 이르면 시간과 공간의 개념이 사라지고, 만물이 하나로 연결되어 있으며, 모든 생명체를 통해 단 하나의 생명만이 존재한다

---

[*] 데이비드 봄, 『봄의 창의성』, 박영사(2021), 260쪽

임윤찬의 음악은 그가 보고 듣고 느껴온 모든 것,
그리고 그 곁을 지켜준 이들이 함께 만들어낸 세계다.
그는 쇼팽 에튀드로 그라모폰 상을 받았지만,
그 영광은 자신을 길러준 사람들과 세상 모두의 몫이라 말했다.

고 했다.* 그런 경지까지는 아니더라도, 스위스의 정신과 의사 칼 융은 어느 날 명상 중 자신이 바위와 일체가 되는 경험을 했다고 고백한 바 있다. 장자의 호접몽(胡蝶夢)처럼 자신이 바위 위에 앉아 있는 융을 바라보는 것인지, 바위가 된 자신이 앉아 있는 융을 바라보는 것인지 구분할 수 없는 경지였다. 몇몇 최고 수준의 연주자들도 이와 비슷한 유체이탈을 경험했다고 한다. 바이올리니스트 김영욱(서울대 특임교수)은 한 인터뷰에서, 가장 연주가 잘되는 날은 자신이 연주하는 장면을 마치 관객처럼 지켜보고 있는 듯한, 극도로 객관화된 상태에 있을 때라고 말했다. 반면 연주를 망친 날은 연주 도중 갑자기 어머니 생각이 나 눈물을 흘렸을 때라고 했다. 〈크레센도〉의 임윤찬도 연주하는 중에 무슨 생각을 하느냐는 질문에 "아무 생각도 안 하려고 노력해요."라고 대답했다. 음악과의 합일, 완벽한 몰입, 그리고 자기로부터의 해방, 이러한 예술적 체험이란 어떤 것일까? 솔직히, 나는 그것이 궁금하고 경험해보고 싶다.

영화 〈크레센도〉와 2022년 반 클라이번 콩쿠르는 우리에게 다양하고 깊은 메시지를 전해주었다. 콩쿠르 조직 위원회는 국적, 성별, 민족과 같은 외적인 조건을 넘어, 오직 예술성

---

* 데이비드 호킨스, 『놓아버림』, 판미동(2013), 237쪽

과 음악 그 자체만을 기준으로 삼았다. 그래서 전쟁 중인 두 나라에서 온 연주자가 시상식 무대 위에서 서로를 끌어안는 장면이 가능했다. 임윤찬은 타의 추종을 불허하는 압도적인 실력으로 최연소 우승을 차지했고, 이제는 단순한 천재 음악가를 넘어 거장의 길을 걷고 있다. 무엇보다도 이 콩쿠르와 영화가 우리에게 준 가장 분명한 메시지는 국가 간, 민족 간, 인종 간, 지역 간의 경계를 넘어, 인류가 분노와 증오, 욕망과 같은 낮은 의식의 차원에서 벗어나야 한다는 점이다. 우리가 나아가야 할 방향은 용기와 사랑, 그리고 평화라는 더 높은 의식의 차원이라는 것이다. 지금 이 세계에 진정으로 필요한 것이 무엇인지, 임윤찬과 그의 음악은 조용하고도 분명하게 말해 주고 있다.

천재의 고립된 인생

얼마 전 FM 라디오에서 익숙한 첼로 신율이 흘러나왔다. 바로 〈재클린의 눈물〉이었다. 오펜바흐가 작곡했으나 미발표곡으로 남아 있던 이 곡은 1988년 독일의 첼리스트 베르너 토마스에 의해 발견되어 세상에 알려졌다. 베르너는 이 슬픈 음악을 처음 접한 순간, 비운의 첼리스트 재클린 뒤 프레(Jacqueline du Pré, 1945~1987)를 떠올렸고, 〈재클린의 눈물〉이라 이름 붙였다고 한다.

나는 대학 시절 아내를 통해 처음 재클린 뒤 프레의 이름을 들었다. 그녀는 영국에서 태어나 평론가와 대중 모두로부터 열광적인 반응을 이끌어낸 천재 첼리스트였으며, 세계적인 피아니스트이자 지휘자인 다니엘 바렌보임과의 결혼으로도 큰 화제가 되었다. 그러나 28세에 불치병인 다발성 경화증

진단을 받고 음악 활동을 중단하게 된 비극의 주인공이기도 하다. 내가 그녀의 〈엘가 첼로 협주곡〉 음반을 처음 들었을 때, 거칠게 현을 긁어내는 듯한 강렬한 사운드에 적잖이 놀랐다. 그 음색은 당시 인기 있던 요요 마나 미샤 마이스키의 매끄럽고 윤기 흐르는 연주와는 전혀 달랐기 때문이다.

음악 연주자로서 가장 비극적인 삶을 살았던 재클린(재키)에 대해 더 알고 싶어, 캐럴 이스턴이 쓴 그녀의 전기 『예술보다 긴 삶』을 읽어보았다. 절판된 책이라 온라인 중고서점에서 어렵게 구했는데, 그녀가 대중의 기억에서 잊힌 듯하여 서글펐다. 재키는 1945년 영국 옥스퍼드에서 태어났다. 어머니 아이리스는 영국 왕립 음악아카데미 Royal Academy of Music 출신의 촉망받는 피아니스트였고, 아버지 드렉은 회계 전문 저널 《어카운턴트 The Accountant》의 편집장을 지낸 인물이다. 어머니의 음악 경력은 결혼과 제2차 세계대전으로 중단되었고, 부부는 세 명의 자녀를 낳았다. 세 자녀 모두 음악적 재능이 뛰어났지만, 관심과 교육은 전적으로 재키에게 집중되었다.

그녀는 파블로 카잘스와 로스트로포비치의 가르침을 받았고, 1962년에는 런던의 로열 페스티벌 홀에서 BBC 심포니 오케스트라와 함께 엘가의 첼로 협주곡을 연주하면서 세상에 이름을 알렸다. 이 연주는 "전후 세대 첫 신동 음악가(타임스)", "위대한 첼리스트가 될 잠재력을 가진 영국 최초의 첼리스트(가디언)"라는 극찬을 받으며 센세이션을 일으켰다. 영국을 대표하는 작곡가 엘가의 첼로 협주곡을 열일곱의 영국 소녀가 완벽하게 연주해냈다는 점은 커다란 화제를 불러일으켰다. 이후 1965년 EMI와 함께 이 곡을 녹음하면서, 엘가의 첼로 협주곡은 재키를 상징하는 불멸의 레퍼토리가 되었다. 엘가는 이 협주곡을 "인생에 대한 인간 본연의 자세"라고 표현한 바 있다. 그녀의 연주는 마음속 깊숙한 곳을 후벼 파듯 강렬하고 대범한 운궁으로 시작하여, 서성적인 도입부에서부터 통렬하고 애절한 마무리에 이르기까지 다른 연주자들과 확실히 구별되는 개성과 감정을 드러낸다. 오랫동안 제대로 평가받지 못했던 엘가의 협주곡은 그녀의 연주를 통해 재조명받으며, 마침내 명곡의 반열에 오르게 되었다.

신동인 재키는 어릴 적부터 고립과 소외를 경험했다. 심리학자 데이비드 펠드만은 신동을 연구한 저서 『자연의 책략 Nature's Gambit』에서 탁월한 재능을 지닌 자녀가 있을 경우 가족이 받는 충격과 부담을 설명한다. 그 재능이 실현될 수 있도록 부모의 양쪽 또는 어느 한쪽이 여타의 모든 것을 포기해야 하고, 경우에 따라 다른 자녀가 희생되기도 한다. 다시 말해 재능이 비상한 여러 자녀 가운데 한 명의 특출난 아이가 있다는 것은 가족 전체에 축복이 될 수 있지만, 동시에 다른 형제자매에게는 저주가 될 수도 있다는 것이다. 한 명의 특출한 재능은 가족 활동의 우선순위에 영향을 미치고, 생활 자원을 그 아이에게 집중하게 만들기 때문이다.

재키의 언니 힐러리도 피아노에 대단한 재능이 있었지만, 재키가 첼로를 배우기 시작한 이후에는 피아노에서 바이올린, 다시 플루트로 악기를 바꾸었고, 결국 결혼한 후 평범한 삶을 살게 된다. 엄마 아이리스가 모든 관심과 노력을 재키에게 집중했기 때문이다. 이런 일은 역사적으로도 자주 있었다. 모차르트의 누나 난네를과 멘델스존의 누나 파니는 작곡 실력이 뛰어났음에도, 자신의 재능을 동생을 위해 양보해야 했다. 신동의 대명사 예후디 메뉴인의 두 여동생 헤프지버와 얄타 역시 뛰어난 음악가였지만 결국 오빠의 그늘에 가려 빛을 보지 못했다. 요요 마의 누나 요우쳉 역시―누나보다 바이올린을 더 잘할 수 없다고 생각한 요요 마가 첼로로 전향했을 정도로―뛰어난 바이올리니스트였지만, 동생의 피아노 반주자로 활동하다가 결국 의사의 길을 택했다. 신동의 가족은 그 아이 한 사람을 위해 다른 형제나 자매의 재능을 개발할 시간과 에너지를 온전히 잃어버리게 되는 것이다.

그렇다면 가족의 지원을 독차지한 신동의 삶은 어땠을까?

어릴 적부터 재키는 일반인의 수준을 훨씬 뛰어넘는 음악적 재능과 잠재력을 지니고 있었기에, 그녀의 생활은 음악 중심으로 기울어졌다. 하루 네 시간 이상의 연습은 일상이 되었고, 반면 지리, 미술, 바느질, 역사, 자연학, 수학, 불어와 같은 일반 교과에는 관심을 기울일 겨를이 없었다. 어머니 아이리스는 가족 간의 '정상적인' 관계를 유지하려 애썼지만, 점차 외톨이가 된 재키는 종종 가족이 여가를 즐기는 도중에도 첼로가 그립다며 울음을 터뜨리곤 했다. 아이리스는 재키가 수업에 들어가지 못하거나 숙제를 해 가지 못하는 날이면 학교에 양해를 구하는 편지를 수시로 보내야 했다. 첼로를 연주할 때는 완전히 다른 사람처럼 보이지만, 악기를 내려놓는 순간 다시 평범한 아이로 돌아가던 재키에게, 이 같은 치우침은 학교생활에서도 고립을 피할 수 없게 만들었다. 누구보다 뛰어난 재능을 지녔지만, 그 재능이 오히려 또래와의 관계를 단절시키고, 자신이 속한 세계를 더 좁히는 이유가 되었던 것이다.

재키의 인생이 가족들로부터 더욱 고립된 결정적인 계기는 다니엘 바렌보임과의 결혼이었다. 독실한 기독교 신자였던 재키의 부모는 아르헨티나 출신 유대인인 바렌보임과의 결혼을 완강히 반대했지만, 재키는 유대교로 개종하고 1967년 아랍 국가들과 전쟁 중이던 이스라엘에서 결혼식을 올렸다. 이 결혼을 계기로 재키는 바렌보임이 이끄는 젊은 엘리트 음악가들, 즉 이작 펄먼, 핀커스 주커만, 아이작 스턴, 알프레드 브렌델, 블라디미르 아쉬케나지, 디트리히 피셔-디스카우 등으로 구성된 이른바 "바렌보임 갱"의 홍일점으로 활약하며 눈부신 전성기를 누렸다. 그러나 동시에 영국의 청교도적 중산층 문화 속의 가족을 인생의 가장 중요한 순간에 삶의 바깥으로 밀어내는 결과를 초래했다. 훗날 그녀가 병에 걸려 긴 투병 생활을 할 때조차 어머니와의 관계는 끝내 호전되지 않았다.

재클린이 처음 몸에 이상을 느낀 것은 최고의 전성기를 누리던 1970년이었다. 그녀는 어느 날 갑자기 다리에 쇳덩이를 매단 듯한 무거운 감각을 느꼈고, 발이 얼음장처럼 차가워지는가 하면, 손가락이 간지럽고 무뎌지기도 했다. 점차 무대에서 그녀답지 않은 실수를 하는 경우가 생기기 시작했고, 불안감은 점점 커져 갔다. 의사들은 하나같이 '스트레스 때문'이라는 대답만 내놓았다. 남편 바렌보임 역시 "좀 더 노력하고 집중할 필요가 있다"고 충고했을 뿐, 그녀의 증상에 진지하게 귀 기울이지 않았다. 증상은 시간이 갈수록 악화되어, 어느 날은 거리에서 넘어지고, 또 어떤 날은 계단을 오르지 못했다. 그녀는 모든 게 잘못되고 있음을 직감했지만, 주변은 여전히 그녀의 상태를 육체적 질병이 아닌 정신적 문제로 보았다. 그녀는 큰 자괴감에 빠졌고, 스스로 '내가 미친 게 아닐까' 하는 생각까지 하게 된다. 1973년, 마침내 '다발성 경화증 multiple sclerosis'이라는 진단이 내려졌을 때, 재키가 보인 첫 반응은 자신이 정신병에 걸린 게 아니라는 사실에 크게 안도하는 것이었다. 그녀는 즉시 많은 친구들에게 전화를 걸어 자신이 미친 게 아니라는 소식을 전해주었다.

다발성 경화증은 면역체계가 건강한 중추신경계를 공격하는 자가면역질환이다. 원인은 아직도 명확히 밝혀지지 않았지만, 면역체계가 신경 신호를 전달하는 축삭돌기를 둘러싼 수초를 공격하여 신경 전도에 이상이 생기고, 결국 신경세포가 죽게 된다. 그 결과로 다양한 형태의 운동장애―예컨대 반신마비, 하반신마비, 사지마비―뿐만 아니라 배뇨, 배변, 성기능 장애, 시각장애, 우울증, 인지기능 장애 등이 나타날 수 있다. 오늘날에는 의학의 발달로 증상을 완화하고 재발을 막는 치료가 가능해졌지만, 재클린이 병을 앓던 시절에는 치료는 물론 진단도 어려운 불치의 병이었다. 세계적인 첼리스트로서 눈부신 경력을 쌓아가던 재클린이, 신체가 점점 굳어가는 병에 걸렸다는 사실은 어쩌면 아이러니라 할 수 있다. 마치 전설적인 야구선수 루 게릭이 운동신경세포만을 선택적으로 파괴하는 병에 걸린 것과도 흡사하다.

그녀는 1987년 세상을 떠날 때까지 여러 겹의 소외와 고립 속에서 15년의 삶을 견뎌야 했다. 이 시기에 그녀 곁을 지키며 삶을 지속적으로 보살핀 사람은 정신과 전문의 월터 조페와 아담 리멘타니, 간호사 루스 앤 캐닝스, 그리고 가정부 올가 레즈먼뿐이었다. 언니 힐러리와 시어머니 아이다 바렌보임도 간헐적으로 도움을 주었지만, 꾸준한 돌봄과는 거리가 있었다. 남편 바렌보임과는 시간이 갈수록 더욱 멀어졌고, 말년의 그녀는 삶의 거의 모든 관계로부터 단절된 상태였다. 재키의 말년은 차마 입에 올리기 어려울 만큼 비극적이었다. 열일곱 살 무렵, 그녀는 "첼로를 연주하지 않을 때 나는 도대체 누구일까?"라는 자아에 대한 근원적인 질문이 생겨서 한동안 첼로를 멀리했던 적이 있다고 한다. 그 물음에 대한 명확한 해답을 찾지 못한 채 세계적인 명성을 얻었고, 병마에 쓰러진 후 정신분석 상담을 받으며 그 질문은 다시 그녀를 찾아왔다. "나는 누구일까?"

전기 작가 캐럴 이스턴이 처음 그녀를 만난 것은 1982년 여름이었다. 그때 재키는 다리와 팔은 물론 대부분의 신체 기능을 사용할 수 없었다. 전화기 다이얼을 돌릴 수도, 혼자 음식을 먹을 수도, 심지어 눈물조차 흘릴 수 없는 상태였다. 할 수 있는 말도 고작 몇 마디뿐이었다. 그런 그녀가 작가에게 말했다.

천재는 종종 일상의 언어로부터 멀어져 고립되며,

그 곁의 이들 또한 그 슬픔을 함께 견뎌야 한다.

예술로 향하는 내면의 길은 깊고 외로워,

우리는 그 세계와 현실 사이의 틈을 다 헤아릴 수 없다.

"나에 대해 써보지 그래요?" 그녀는 '나는 누구일까'라는 질문의 답을, 어쩌면 작가로부터 듣고 싶었던 건 아니었을까?

그녀는 열정적이고 충동적인 여성이었다. 175센티미터의 큰 키에 금발의 머리카락을 흩날리며, 톱으로 나무를 켜듯 강렬하게 연주하다가 고개를 들어 보이는 해맑은 미소처럼, 그녀는 늘 생기와 활력이 넘치는 사람이었다. 캐럴 이스턴의 표현대로, "막 코르크마개를 딴 샴페인처럼" 싱싱하고 터질 듯한 생명력을 지닌 존재였다. 그러나 해맑은 외관 속에는 누구도 쉽게 읽을 수 없는 복잡한 개성이 숨어 있었다.

실제로 그녀의 연주에는 낭만적인 정서가 짙게 배어 있었으며, 음량은 대단히 크고 강렬했다. 회오리 바람처럼 몰아치는 운궁 속에서도 황홀한 피아니시모를 기막히게 빚어냈다. 많은 이들이 엘가의 첼로 협주곡을 그녀의 대표곡으로 기억하지만, 그녀가 가장 아꼈던 협주곡은 슈만의 〈첼로 협주곡 A단조〉였다. 이 협주곡은 슈만이 정신질환에 시달리던 말년에 완성한 작품으로, 부인 클라라의 회상에 따르면 심한 환각에서 잠시 깨어났을 때, 고통 속에서 힘겹게 이 곡을 완성했다고 한다. '골든 걸'이라 불리던 재키가 어둡고 짙은 낭만적 정서가 무거운 그림자를 드리우고 있는 슈만의 협주곡을 좋아했다니! 어쩌면 그녀는 자신의 운명을 무의식중에 예감하고 있었던 것은 아닐까? 그녀의 내면에는 우리가 감히 헤아릴 수 없는 천재만의 복잡한 세계가 숨겨져 있었는지도 모른다.

천재라는 운명을 안고 태어난 재클린은 어려서는 타고난 재능 때문에 고립되었고, 음악가로서 명성이 절정이 이르렀을 때에는 결혼문제로 가족과 멀어졌다. 인생의 최정점에서는 병마가 그녀를 덮쳐 세상으로부터 완전히 고립시켰다. 그녀의 삶을 돌아보니, 예술적 재능이 뛰어난 자녀를 둔 부모라면 결코 간과해서는 안 될 몇 가지 점들이 떠오른다. 천재는 일상생활 속에서 고립되기 쉽다는 점, 그리고 그 천재를 중심으로 돌아가는 가족 구성원들 또한 깊은 슬픔과 고통을 감내해야 한다는 점, 무엇보다 예술적 세계와 현실세계 사이의 간극을 우리가 온전히 이해하기 쉽지 않다는 점이다.

그녀는 말년에 찾아오는 사람들에게 자신의 음반을 들려달라고 부탁하곤 했다. 특히 죽음이 임박했을 때는 〈콜 니드라이〉 음반을 틀어 달라고 요청했다고 한다. 그녀는 무엇을 속죄하고 싶었던 것일까. 의식이 사라지기 직전, 친구들은 그녀가 연주한 슈만의 첼로 협주곡 음반을 조용히 축음기에 올렸다. 외롭고 비극적인 일생을 보낸 그녀가, 마지막 순간만큼은 그토록 사랑하던 음악을 들으며 눈 감기를 바라는 마음이었을 것이다.

안녕 Sam![*]

    일요일 아침에 잠에서 깨어 습관처럼 휴대폰을 열어보니 샘 갬비어^{Sam Gambhir} 교수님의 부인 아루나^{Aruna}로부터 이메일이 와 있었습니다. 가슴이 철렁 내려앉아 서둘러 이메일을 열었습니다.

'Hi John,

I'm sorry to say that Sam passed away this morning at 7:30 am. What a great man!

Hope you are doing better.

Aruna'

---

* 2020년 7월 18일에 작고하신 스승 Sanjiv Sam Gambhir 교수님을 추모하며 쓴 글입니다.

저에게는 스승이자 친구, 그리고 형제 같았던 갬비어 교수님께서 돌아가신 것입니다. 머리 속이 하얘지는 느낌이었습니다. 너무나 일찍 찾아온 이별이었습니다. 전날 하루 종일 이유 없이 머리가 지끈거렸는데, 혹시 그가 이 행성을 떠나는 기운을 저의 뇌신경이 미리 감지한 건 아니었을까 생각하게 됩니다.

선생님의 부고를 접했을 때, 내 인생의 한 장이 막 끝나고, 다음 장으로 넘어가고 있다는 생각이 들었습니다. 2001년 처음 선생님을 만난 이후, 제 인생은 그분을 빼 놓고 설명할 수 없습니다. 그는 열정적인 과학자이자 혁신적인 의사였으며, 천재적인 몽상가이자 어려운 결정을 두려워하지 않는 진정한 리더였습니다. 또한 타인과의 공감 능력이 헤아릴 수 없을 정도로 탁월한 분이었습니다. 항상 상대방을 주의 깊게 바라보고 경청하며, 상대방으로 하여금 스스로를 중요한 존재라고 느끼게 하는 마법 같은 능력이 있었습니다. 이를 통해 주변의 모든 사람으로부터 최고의 능력을 끌어내는 천부적인 리더였습니다.

여러 학회와 언론은 부고를 알리며 선생님을 '분자영상의 아버지'라고 소개했습니다. 선생님은 UCLA 교수 시절, 형태나 대사에 국한되어 있던 기존의 의료영상에 유전자 발현, 물질 상호작용, 세포 추적 등 다양한 생명현상을 담을 수 있는 기능을 부여하며 분자영상의 시대를 열었습니다. 선생님의 연구는 핵의학이나 의료영상에 국한되지 않고 진단검사, 병리학을 아우르며 면역학, 세포치료까지 확장되었습니다. 미국 국립의학한림원 정회원이었고, 미국과학진흥회AAAS상을 비롯한 수많은 상을 수상했습니다. 약 700편의 논문을 발표하고, 40여 건의 특허를 보유했으며, 세 개의 회사를 창업했고, 수 십여 개 기업의 자문을 맡았습니다. 세계분자영상학회, 미국분자영상학회, 미국분자영상아카데미의 회장을 역임했으며, 200여 명의 박사후연구원과 대학원생을 지도하셨습니다.

선생님은 인도에서 태어나 일곱 살 때 미국으로 이민해 애리조나 주의 템피Tempe에서 자랐습니다. 타고난 천재였던 그는 15세에 애리조나 주립대 물리학과에 입학해 최우수 장학생Phi Beta Kappa으로 졸업했고, 프린스턴 대학원 물리학 박사과정에 합격했습니다. 원래 핵융합 물리학자가 되기를 꿈꿨지만, 아버지가 초대한 여러 물리학자들의 현실적인 조언을 듣고 방향을 바꾸어 의대에 진학했습니다. UCLA 의대의 MD-PhD 과정에 입학하여 PET의 발명자인 마이클 펠프스Michael E. Phelps 교수의 지도로 생물수학biomathemetics 박사학

위를 받고, UCLA 의대를 수석 졸업했습니다. 물리학에 대한 사랑은 생물수학과 핵의학으로 이어졌고, 핵의학과 분자영상, 암 조기진단 분야에서 세계적 학자로 성장하였습니다. 2003년 스탠퍼드 대학으로 자리를 옮긴 후, 2011년에는 스탠퍼드 의대 최초로 내부 승진을 통해 방사선과의 종신 주임교수가 되었습니다.

제가 선생님을 처음 알게 된 것은 1998년 전공의 3년차 때였습니다. PET을 이용해 유전자 발현을 영상화한 선생님의 논문이 발표되었는데, 분자영상 시대의 서막을 알리는 획기적인 연구였습니다. 이후 유학을 준비하면서 선생님의 박사과정 후배인 서강대 최용 교수님의 추천으로 박사후연구원 자격을 얻게 되었습니다.

2001년 봄 미국에 도착하던 날부터 선생님의 따뜻한 인품은 빛났습니다. 공항 픽업을 위해 본인이 직접 나오겠다고 했고, 실제로 출판 담당 비서인 쥬디 Judy Schwimmer 와 함께 공항에 나와 우리 가족을 아파트로 안내해 준 후, 세미나 참석을 위해 캠브리지로 떠났습니다. 이후 쥬디는 3일간 우리 집에 출근해 아이들의 학교 등록, 은행 계좌 개설, 생필품 구매, 이삿짐 정리 등 미국 정착에 필요한 모든 것을 도와주었습니다. 그녀는 우리를 'UCLA의 갬비어 교수 초청으로 온 의사과학자 가족'이라 소개하며, 아이들이 다니는 학교와 은행 등 어디서나 따뜻한 대우를 받을 수 있도록 배려해 주었습니다. 덕분에 우리 가족은 미국생활에 쉽고 빠르게 적응할 수 있었습니다. 미국에 도착할 때, 저희 가족 짐에는 첼로 두 대와 바이올린 두 대가 있었습니다. 그 모습을 본 선생님께서는 "John*은 가방 세 개와 악기 네 개를 들고 미국에 왔다"며 두고두고 사람들에게 이야기하셨습니다.

저는 선생님의 연구팀에 합류한 최초의 한국인이었습니다. 이후로 많은 한국인 연구자들이 합류하게 되었고, 선생님은 저에게 특별한 애정을 보여주셨습니다. 실험에 서툴던 초기에도 인내심 있게 기다려 주셨고, 연구 결과를 함께 해석할 때 보여주신 과학적 통찰력은 제게 큰 영감을 주었습니다. 때로는 과장되게 "이건《네이처》에 실릴 논문의 1번 그림이 될 만한 결과야"라며 저를 연구에 몰입하게 하셨습니다. 제가 박사후연구원 과정을 마치고 귀국한 후에 스탠퍼드에 새로 합류한 멤버들에게 저를 'special friend'로 소개해서 그들로부터 적절한 존중을 받도록 배려해 주셨습니다. 선생님께서 세계분자영상학회 회장을 하실 때는 저를 이사회 Board of Trustees의 이사로 추천해 주셔서 국제적인 활동을 할 수 있는

* John은 미국 유학시절 나의 닉네임이었다.

토대를 깔아 주셨습니다. 스탠퍼드를 방문할 때면 포톨라 밸리의 자택에 머물게 하셨고, 몇 년 전 세상을 떠난 아들이 쓰던 차도 빌려주셨습니다. 차 사용법을 설명해 줄 때 옆자리에서 눈물을 삼키느라 혼났던 기억이 아직도 생생합니다.

제가 3년간의 박사후연구원 생활을 마치고 귀국할 무렵, 선생님께서는 저희 가족을 자택으로 초대해 가족 음악회를 열자고 하셨습니다. 저희 가족은 악기를 챙겨서 포톨라 밸리의 선생님 댁에서 하룻밤을 보냈습니다. 저희 가족의 연주가 끝나고, 당시 일곱 살이던 선생님의 아들 밀란도 피아노를 연주하였습니다. 수학 영재였던 밀란은 당시 9학년에서 수학을 공부하고 있었는데, 그날은 뮤지컬 〈오페라의 유령〉 주제곡을 피아노로 연주하였습니다. 선생님은 아들의 연주를 들으며 "밀란은 피아노를 수학적으로 친다"고 말씀하셨습니다. 당시에는 웃으며 지나쳤지만, 시간이 흐른 후 서양음악에 깃든 질서와 구조, 추상성과 보편성, 비율과 패턴, 반복과 대칭, 창의성과 논리 같은 수학적 성질을 하나둘씩 깨닫게 되었습니다. 생각해보니, 밀란은 정말 음악을 수학적으로 '잘' 연주하고 있었던 것입니다!

모든 것이 완벽해 보였던 선생님의 가족은 암과 싸워야 하는 운명이었습니다. 부인 아루나는 2001년 유방암 수술을 받

선생님은 열정으로 진실을 좇은 연구자였으며
낯선 길을 주저하지 않은 혁신적인 의사였습니다.
꿈꾸기를 멈추지 않았던 천재였고,
사람들 안의 가장 빛나는 가능성을 끌어올리는
진정한 리더였습니다.

았고, 수년 후 반대쪽 유방에도 재발해 두 번째 수술을 받았습니다. 당시에는 몰랐지만 아루나의 가계에는 암 억제 유전자인 p53 유전자와 B-Raf 유전자의 돌연변이가 있어서 암 발생 위험이 높았던 것입니다. 가장 가슴 아픈 일은 외아들 밀란에게서 일어났습니다. 2013년 선생님 부부가 한국을 방문하였을 때, 아루나는 밀란이 학생회장이 되었다고 자랑하며 환하게 웃었지만, 한 달도 채 지나지 않아 선생님은 한밤중에 '밀란에게 뇌종양이 생겼다'는 이메일을 보내왔습니다. 한국에 신약 임상시험 프로그램이 있는지 알아보았지만 도움을 드릴 수가 없었습니다. 그 후로 2년여 동안 선생님은 지옥 같은 나날을 보냈습니다. 밀란이 세상을 떠나기 몇 달 전 제가 스탠퍼드를 방문했을 때 너무나 초췌해진 선생님의 얼굴이 기억납니다. 그 쩌렁쩌렁하던 음성이 나약하게 떨리면서 "밀란이 의연하게 잘 이겨내고 있다"고 하셨습니다. 밀란은 어린 나이에 뇌종양과 싸우며 여러 치료를 견뎌냈지만, 16세의 나이로 세상을 떠났습니다.

밀란이 세상을 떠난 후에도 선생님의 학문적 열정은 식지 않았습니다. 아니, 더욱 불타올랐습니다. 뇌종양 조기진단 연구에 집중했고, 뇌종양 연구를 지원하는 재단에 한국의 연구자들을 소개했습니다. 밀란을 잃은 지 한 달 뒤에 열린 미국

핵의학회에서 헤베시 상을 수상했는데, 기념강연의 첫 슬라이드에는 아들 밀란의 사진이 있었습니다. 선생님은 아들의 비극을 담담히 이야기하면서 강의를 시작했으나 이내 목이 메이고 말았습니다. 그 때 스스로 이렇게 독백하던 것이 기억납니다. "I have to keep my strength!" 선생님은 늘 그렇게 당당하고 용감하게 삶을 마주하는 분이었습니다.

  2019년 4월 27일 저녁 가장 나쁜 일이 일어났습니다. 당시 저는 서울에서 대한의사협회 대의원회의에 참석하고 있었습니다. 이때 선생님으로부터 문자메시지가 들어왔습니다. 내 건강 문제로 상의할 게 있는데 통화할 수 있느냐는 메시지였습니다. 미국 서부가 새벽 3시를 갓 넘은 시각에 온 메시지가 너무나 불길했습니다. 원발병소를 알 수 없는 암의 골수 전이였습니다. 골수에서 인장반지세포 signet ring cell 가 발견되어 소화기 암이 의심되었으나 끝끝내 원발병소는 찾을 수 없었습니다. 암은 암 진단 분야 세계 최고의 학자를 끝까지 괴롭혔습니다. 그해 6월 미국핵의학회 참석 후 선생님 댁을 방문해 뵈었을 때, 선생님은 자신의 병을 과학적으로 분석하고, 제가 연구하는 암 치료용 박테리아에 대한 내용도 상세히 물어보셨습니다. "임상시험을 시작하면 내가 첫 환자가 되겠다."고 하시던 모습이 잊히지 않습니다. 당시 선생님의 어머니께서 와 계셨는데 조용히 기도하듯 아들을 지켜보는 모습이 우리나라의 어머니와 똑 같았습니다.

제가 선생님을 마지막으로 뵌 것은 2019년 12월, 시카고에서 열린 북미방사선학회였습니다. 선생님은 '정밀의료를 위한 차세대 기술과 전략Next generation technologies and strategies for precision health'이라는 제목의 기조강연을 통해 학문에 대한 여전한 열정과 깊은 사랑을 보여주셨습니다. 병색이 완연함에도 불구하고 쩌렁쩌렁하고 아름다운 공명을 가진 목소리는 여전하셨습니다. 의학의 미래를 보여주는 혁신적인 내용의 강의 속에는 동료들을 향한 무한한 사랑과 자존감이 담겨 있었습니다. 강의가 끝나고 무대로 간 저를 끌어안고 "나의 병은 계속 진행되고 있다. 너의 연구는 반드시 성공하리라 믿는다."고 말씀하셨습니다. 작별인사를 하고 정신없이 강당을 빠져나온 저는 미시간 호수를 바라보며 눈물을 흘리고 말았습니다.

저는 선생님께서 일에 빠져 사는 이유를 이해 못한 적이 있었습니다. 많은 것을 이루신 분이 왜 아직도 많은 일을 하면서 힘들게 살까? 이제는 조금 알 것 같습니다. 자신과 가족의 운명을 미리 예감하고 그렇게 연구에 몰두한 것은 아니었을까? 아니면 암 환자들이 겪는 고통을 일찍부터 자기 일처럼 느꼈기 때문은 아닐까! 선생님은 명성을 위한 연구가 아니라, 진짜 환자의 삶을 구하기 위한 연구를 하신 분입니다.

선생님은 FDG PET의 암종별·병기별 적응증을 도식화한 유명한 연구에서 시작하여, 리포터 유전자 영상법을 확립하고, 현란한 다중모드 영상기술들을 선보였으며, 나노 자기장을 이용한 검체 검사법을 개척하고, 실생활 속에서 암 조기진단을 실현할 수많은 IT-BT 융합기술들을 개발하였습니다. 언뜻 보면 한 명의 천재가 펼쳐 놓은 경계를 뛰어넘는 융합연구들의 편린으로 보이지만, 자세히 들여다보면 암 조기진단이라는 큰 그림의 퍼즐을 하나씩 맞추어 놓은 실로 방대하고 고된 작업이었습니다. 이것은 과학에 대한 신앙적인 믿음과 함께 선배들의 길을 답습만 하는 의사가 아니라, 혁명가처럼 새로운 길을 헤쳐 나가는 의사였기 때문에 가능한 일이었습니다.

어느 날 선생님은 제게 이렇게 물었습니다. "네가 지금 개발하고 있는 암 치료제가 실패한다면 가능한 이유 세 가지를 말해보라." 저는 제 연구의 장점만 생각했지, 잠재적 약점을 진지하게 생각해보지 않았다는 것을 깨달았습니다. 그 약점을 보완하는 것은 성공을 보장하는 또 하나의 중요한 길이었습니다. 선생님은 항상 저를 깨워주고 깨우쳐주는 존재였습니다. 그 분이 없는 세상에서 저는 어떻게 해야 이제껏 살아온 만큼 살 수 있을까요?

  선생님이 꿈꾸던 '암 정복'을 현실로 만들기 위해 최선을 다하겠습니다. 많은 사람들과 함께 힘을 모아 그 꿈을 이루겠습니다. 선생님께서 언젠가 말씀하셨던 것처럼 말입니다. "나는 200명이 넘는 공동연구자의 도움으로 지금의 연구를 할 수 있다. 그들에게 내가 정직하고 투명하지 않으면 나는 지금의 연구를 계속할 수 없을 것이다." 그동안 가르쳐 주신 것 마음속에 잘 새겨서 현명하게 살아가겠습니다. 그리고 언젠가 질문이 생기면 하늘로 이메일을 보내겠습니다. 선생님, 거기서도 좋은 일 많이 하고 계시겠죠? 안녕히 계세요, Sam!

2020년 7월 22일

내 인생 최고의 음악회

음악은 한 평생을 채우기에 충분하지만,
한 평생은 음악을 채우기에 부족하다.

세르게이 라흐마니노프 Sergei Rachmaninoff

내 인생 최고의 음악회*

    음악을 감상하면서 '느낌'을 처음 받은 것은 초등학교 5학년 무렵, 바이올린 선생님으로부터 선물 받은 음반을 들었을 때였다. 벨기에 출신의 유명 바이올리니스트 아르투르 그뤼미오와 런던 심포니오케스트라의 모차르트 바이올린 협주곡 음반이었다. 재생장치가 없어서 듣지 못하고 가지고만 있다가, 오디오가 있는 친척 댁에 가서야 비로소 들을 수 있었다. 이 음반은 내게 모차르트 연주의 표본이 되었다. 중·고등학교에 진학하면서 틈틈이 시간을 내어 연주회를 관람하기 시작했다. 당시 광주에서 유일하게 관현악 연주회를 감상할 수 있었던 곳은 광주공원 내 시민회관이었다. 음악 감상을 위한

---

* 이글은 2008년 의대음악회 50주년기념 문집 《의대음악회 반세기》에 실린 글을 수정한 것이다.

환경도 참 열악했는데, KBS교향악단의 광주 연주에서 시민회관의 무대가 4관 편성을 수용하지 못해 일부 관악주자들이 무대에 서지 못한 경우도 있었다. 오디오 시스템이 널리 보급되지 않았던 시절, 음악회 관람으로 음악 감상의 욕구를 해소했던 나는 지금도 음악회를 직접 관람하는 것을 즐긴다. 연주자들의 역동적인 몸동작과 음악을 함께 '보면서 듣는' 행위가 습관처럼 되어버린 것이다.

지상 최고의 협주곡, 김영욱과 슈트트가르트 방송교향악단

의예과에 입학한 후 음악회 관람 습관은 전국으로 확대되었다. 방학 때나 오후 수업이 없을 때면 서울이나 부산까지 가서 음악회를 보곤 하였다. 1990년 늦가을로 기억되는데, 서울 예술의전당에서 슈트트가르트 방송교향악단의 내한 연주회가 열렸다. 협연자는 지금은 은퇴했지만, 당시 미국과 유럽에서 활발히 활동하던 김영욱(현 서울대 음대 특임교수)이었다. 우리나라가 낳은 세계적인 바이올리니스트였던 그는 연간 200회 이상의 연주를 소화하던 80년대에도 내한 시에는 꼭 광주 등 지방도시에서 연주회를 열어 내게는 매우 특별하고 고마운 존재였다. 당시 의사고시 준비를 하던 나는 주위의 만류에도 불구하고 이 연주회를 보기 위해 서울행 기차에 올랐다.

  음악회 전 콘서트홀의 로비에 청중이 삼삼오오 모여 얘기를 나누고 있었는데, 키가 큰 월간《음악동아》편집장 이순열 씨 주변에 사람들이 많이 모여 있었다. 나도 그쪽으로 다가가 귀동냥을 하던 중 그날 리허설이 정말 대단했다는 말을 들었다. 실제로 연주회에서 교향악단 단원들의 반응을 보니 그 말이 실감 났다. 작은 체구의 김영욱이 만면에 미소를 띠고 무대에 등장하자, 단원들 전체가 객석에 들릴 정도로 환호성을 지르며 발을 동동 구르고, 활로 보면대를 치면서 그를 환영하는 것이 아닌가!

  이윽고 차이코프스키 바이올린 협주곡 D장조 1악장이 시작되었다. 그의 활이 현에 닿는 순간, 홀 내부는 온통 그가 만들어내는 음악으로 가득 찼다. 그의 바이올린과 오케스트라는 마치 한 몸처럼 움직였다. 사실 김영욱은 화려한 기교를 앞세운 연주자라기보다는 정확한 프레이징과 완벽한 해석에 기반한 연주로 우리에게 한층 더 깊은 감동을 안겨주는 연주자였다. 하지만 그날 그는 이 세상 어느 비루투오소보다 더 우리를 몽환에 들게 하고, 우리의 정신을 고양시켜 열락에 빠지게 하는 명연주를 펼쳤다. 그의 몸과 오케스트라는 한 몸으로 합체되었다가 이내 다시 분리되어 서로 대화를 나누고, 함

김영욱은 화려한 기교를 앞세우기보다는,
정확한 프레이징과 치밀한 해석을 바탕으로
음악의 본질에 다가가는 연주자였다.
실내악에 대한 애정도 각별해서, 피아니스트 임마누엘 액스,
첼리스트 요요 마와 함께 '액스-김-마 트리오'를 결성하여
아름다운 앙상블을 이루었다.

께 추락하고, 다시 날아올랐다. 그 광경은 우리가 왜 음악회를 실연으로 관람해야 하는지를 완벽히 보여주었다.

이 연주회는 며칠 후 EBS에서 녹화 중계되었는데, 나는 이를 비디오로 녹화하여 종종 다시 감상하곤 했다. 지금까지 많은 대가들의 연주를 보았지만, 그날 밤처럼 깊은 감동을 받은 적은 없었다. 그날 이후로 지금까지 나는 김영욱의 열렬한 마니아가 되었다.

탱글우드에서의 꿈같은 밤, 보스톤 심포니와 오자와 세이지

1998년 여름, 두 달간 뉴욕 마운트 사이나이 Mount Sinai 병원 핵의학과에서 파견근무를 했다. 당시 나는 가난한 유학생 친구 희권 부부의 집에서 신세를 졌다. 러시아 역사를 공부하던 친구는 지금 뉴욕공립도서관 New York Public Library의 러시아 섹션 책임자가 되었고, 성악을 공부하던 부인은 성공한 사업가가 되었다. 처음 겪는 외국 생활이었지만, 뉴욕은 그야말로 최고의 장소였다. 근무가 끝난 저녁이나 주말에는 맨해튼의 곳곳을 누비며 그곳의 자유와 문화를 만끽했다. 브로드웨이의 뮤지컬, 링컨센터에서 열리는 뉴욕 필과 메트로폴리탄 오페라의 연주회, 심지어 지하철 역과 거리의 무명 연주가들까지 모든 것이 신기하고 놀라웠다.

어느 주말, 친구가 탱글우드 음악제에 가자고 제안했다. 탱글우드는 미국 매사추세츠 주의 작은 휴양지로, 1936년 보스턴 심포니 관현악단BSO의 음악감독이던 쿠세비츠키가 이곳에서 연주회를 연 이후 매년 여름 음악축제가 열린다. 특징적인 점은 야외 연주로 5달러 정도의 입장권만 내면 음식과 와인, 접이용 의자 등을 가지고 들어가 자연 속에서 음악을 즐길 수 있다. 말 그대로 풀밭 위 피크닉 음악회였다.

내가 간 날은 오자와 세이지가 이끄는 BSO가 이차크 펄먼과 차이코프스키 바이올린 협주곡을, 이후에는 차이코프스키 교향곡 5번을 연주하는 날이었다. 펄먼의 협주곡 연주는 기대에 못 미쳤다. 연습 부족 탓인지 기술적인 실수가 잦았다. 그러나 이어진 교향곡 5번이 시작되자마자, 나는 음악의 사격射擊에 온몸이 마비되어 버렸다. 25년 동안 호흡을 맞춰 온 BSO는 오자와의 악기 그 자체였다. 고색창연한 BSO의 음색이 오자와의 몸을 관통하여 폭포수처럼 쏟아져 내리는 듯한 느낌이었다. 지휘봉 없이 큰 몸짓으로 지휘하는 오자와의 손끝에서 100여 명의 단원들은 파도처럼 일렁였고, 오자와는 그 위에서 춤을 추듯 너울거렸다. 연주의 즉흥성, 질주하는 광포함, 그리고 세세한 디테일까지 완벽한 연주였다. 우수에 찬 교향악단의 선율은 광활한 러시아 벌판과 탱글우드의 아름다운 숲을 오버랩시켰고, 말로 표현할 수 없는 감동이 밀려왔다.

그때 현악기는 물론, 목관과 금관의 경계가 느껴지지 않을 만큼 고색창연한 사운드를 처음 경험했다. 탱글우드의 풀밭에서 밤하늘 가득 반짝이던 별빛을 보며 "이대로 죽어도 좋겠다"는 극도의 희열을 느꼈다. 사실 그전까지 나는 오자와 세이지에게 그리 호감을 갖지 않았다. 외모에서 풍기는 괴이함과 일본계라는 점이 편견으로 작용했던 것이다. 그러나 그날 밤 이후 그는 내가 가장 좋아하는 지휘자 중 한 사람이 되었다. 이후 미국 UCLA에서 공부하던 2002년 여름 가족 여행 중 탱글우드를 다시 찾았다. 그날은 네빌 마리너 경이 지휘하는 BSO가 엘가의 〈수수께끼 변주곡〉을 연주하며 우리를 맞이했다.

LA에서 만난 미래의 사운드, 베를린 필과 사이먼 래틀

2001년부터 미국 UCLA 의대에 유학을 가서 박사후연구원으로 일했다. LA는 음악 감상을 좋아하는 내게 더없이 좋은 장소였다. UCLA 음대는 12음계법으로 유명한 작곡가 쇤베르크 교수가 여생을 보낸 곳으로, 음악회가 사시사철 쉬지 않고 열렸다. 영화의 도시 할리우드에서는 탱글우드처럼 '할

리우드 볼 여름 음악제'가 열리는데, 클래식, 영화음악, 재즈 등 다양한 음악이 연주된다. 할리우드 볼Hollywood Bowl은 산 정상을 그릇 모양으로 파서 만든 스타디움 형태의 야외 음악당으로 약 15,000명의 청중을 수용할 수 있다. 무대 상단에 대형 스크린을 설치해 유명 영화나 만화를 상영하면서 각 장면의 OST Original Sound Track를 LA 필하모닉 오케스트라가 직접 연주하는 이벤트는 매우 인기 있는 프로그램이다. 우리 가족은 이곳에서 유명한 영화음악 작곡가 존 윌리엄스, 보스턴 팝스 오케스트라, 조수미 등의 연주를 감상했다. 특히 조수미가 LA 필과 함께 이틀 동안 공연을 했었는데, 마지막날 마지막 앵콜곡을 부르기에 앞서 "여러분은 금강산을 들어보셨나요? 북한에 있는 아름다운 산인데 요즘은 남한 사람들도 갈 수가 있답니다…"로 시작되는 영어 멘트를 하고 나서 〈그리운 금강산〉을 불렀다. LA 필이 편곡한 반주는 너무나 아름다웠고, 조수미는 너무 자랑스러웠다. 나뿐 아니라 그곳에 있던 많은 교민들의 눈시울이 붉어졌다. 음악이 사람의 마음을 움직이는 힘은 정말 강하다!

  LA 필은 도심에 자리한 도로시 챈들러 파빌리온Dorothy Chandler Pavillion에서 상시 연주회를 열었다. 장영주, 장한나, 미도리 등의 연주회를 여기서 관람했다. 2003년 가을에는

월트 디즈니 홀의 무대 중앙에는

파이프 오르간이 조각 작품처럼 우뚝 서 있다.

아름다운 목재 파이프들은 강당의 벽과 천장과 조화를 이루며,

건축과 음악이 만나는 또 하나의 풍경을 만들어낸다.

우리 가족은 2003년 11월 24일 개관 기념 연주회를 관람했다.

LA필의 새로운 콘서트 홀인 '월트 디즈니 콘서트 홀Walt Disney Concert Hall'이 문을 열었다. 유명한 건축가 프랭크 게리Frank Gehry가 디자인한 초현대적인 콘서트 홀로 현재 LA의 명소가 된 곳인데, 개관 기념으로 베를린 필하모닉 오케스트라와 음악감독이던 사이먼 래틀이 초청되었다. 나는 보스턴 심포니가 들려주었던 고색창연한 음색을 연상하며 이 음악회를 고대하고 있었다.

　새로 문을 연 콘서트 홀의 내부 공간은 생각보다 좁다는 느낌을 주었다. 공간 크기를 줄여서 음향을 극대화하려는 노력으로 보였다. 특별석이 아닌 일반석에서도 무대가 멀다는 느낌이 전혀 들지 않았다. 내부의 음향은 극도로 민감해서, 팸플릿 넘기는 소리, 소소한 기침 소리도 크게 들릴 정도였다. 당대 최고의 지휘자 사이먼 래틀이 등장하고 음악이 시작되었는데, 유럽 최고最高 오케스트라의 고색창연한 사운드를 기대하던 나의 예상은 크게 빗나가고 말았다. 이 오케스트라의 음색은 흡사 청소년교향악단의 연주를 듣는 듯 젊고 싱싱했다. 100명이 넘는 대편성의 관현악단은 마치 실내악단처럼 날카롭고 섬세하게 음악을 연주했다. 마치 칼로 베면 시뻘건 선혈이 뿜어져 나올 것 같은 젊고 싱싱한 사운드였다. 음악회가 진행되면서 당황했던 나의 귀는 점차 베를린 필의 소리에 적응이 되어갔다. 200년이 넘는 역사 속에서 한스 폰 뷜로, 아루투르 니키쉬, 빌헬름 푸르트벵글러, 헤르베르트 폰 카라얀, 클라우디오 아바도, 사이먼 래틀까지 세계 최고의 지휘자들과 함께 최고의 자리를 지켜온 이 교향악단은 그 역사에는 조금도 미련이 없는 듯 가장 현대적인, 아니 미래 교향악단의 소리는 바로 이것이라고 제시하는 듯한 사운드를 뿜어내고 있었다.

노^老 지휘자의 마지막 콘서트

 네덜란드 출신의 지휘자 베르나르트 하이팅크^{Bernard Haitink}가 2021년 10월 21일 92세의 나이로 별세했다. 헤르베르트 블롬슈테트(1927년생)와 함께 최고령 지휘자였던 그는 25세이던 1954년에 데뷔하여 90세에 은퇴할 때까지 65년간 포디엄을 지켰다. 32세에 고향에서 암스테르담 콘세르트헤바우(현재 로열 콘세르트헤바우) 오케스트라의 상임지휘자를 맡아, 27년 동안 네덜란드를 대표하는 이 교향악단을 이끌었다. 그 외에도 런던 필하모니, 글라인드본 오페라 페스티벌, 런던 로열 오페라 하우스, 드레스덴 슈타츠카펠레, 시카고 심포니에서 음악감독 또는 상임지휘자를 지냈고, 런던 심포니, 베를린 필하모닉, 빈 필하모닉, 보스톤 심포니, 프랑스 국립교향악단 등과도 많은 교류를 가졌다. 그는 수많은 레코딩을 남겼는데, 베토벤, 브람스, 브루크너, 말러의 교향곡 전곡을 녹음한 것으로도 유명하다. 이 정도면 세계 최고 지휘자급 경력인데도 그는 왠지 '비범함'보다는 '평범함', '신동형'보다는 '대기만성형'의 이미지가 강하다.

   그가 현역으로 왕성하게 활동하던 1960년대부터 1990년대까지는 오케스트라 지휘자들의 전성시대였다. 오케스트라의 연주력이 고도화되고, 연주홀의 시설과 녹음·영상기술이 발달한 이 시기에는 스타성과 개성이 강한 지휘자들이 각광을 받았다. 그의 윗세대에는 헤르베르트 폰 카라얀, 카를 뵘, 세르쥬 첼리비다케, 게오르그 솔티, 레너드 번스타인 등 제왕적 개성을 지닌 지휘자들이 즐비했고, 비슷한 연배에는 로린 마젤, 카를로스 클라이버, 주빈 메타, 클라우디오 아바도, 다니엘 바렌보임과 같은 재능과 스타성을 겸비한 지휘자들이 화려하게 등장했다. 그들에 비하면 하이팅크는 튀는 구석이 없이 평범해 보인다. 이는 스스로 음악을 과장하지 않고 소박하고 성실하게 접근했기 때문일 것이다. 그의 이야기를 들어보자. "지나친 과장은 진실된 감정을 파괴한다고 생각한다. 그렇게 되면 음악은 왜곡되며, 더 이상 음악은 이야기되어야 하는 방식대로 이야기하지 않는다." 하이팅크는 겸손한 태도를 지니고 피상적인 효과를 지양하는 진지하고 정확한 해석으로 음악계에서 인정받은 음악가였다.

   이러한 태도는 2013년의 서울공연에서도 증명되었다. 그는 런던 심포니 오케스트라를 이끌고 내한하여 예술의전당 콘서트홀에서 이틀 동안 연주회를 가졌다. 나는 첫날 공연을 관람했는데, 브리튼의 〈네 개의 바다 간주곡〉, 모차르트 피아노 협주곡 17번, 베토벤 교향곡 7번이 연주되었다. 런던 심포니는 작곡가에 따라 마치 천의 얼굴처럼 각기 다른 사운드를 빚어낸다고들 한다. 그날 연주회는 바로 그 평가를 여실히 증명해 보였다. 브리튼과 베토벤, 모차르트의 음악에서 확연히 다른 사운드가 들렸다. 특히 모차르트 피아노 협주곡에서는 왜 그들이 모차르트 협주곡의 절대 강자인지를 실감했다. 간결하고, 활기차면서도 우아하며, 군더더기 없이 투명한 연주였다. 물론, 모차르트 연주의 최고봉인 마리아 주앙 피르스의 영향도 컸을 것이다.

   나는 지휘자 앞 보면대에 펼쳐진 악보에 눈길이 갔다. 유명 지휘자 중에는 악보를 통째로 외워 연주를 하는 이들이 많다. 암보를 하면 시선을 악보에 붙잡히지 않아도 되어 연주자들과 더 많이 소통할 수 있고, 작품을 완전히 숙지했다는 점에서 관객과 연주자에게 신뢰를 준다. 최근에는 암보로 지휘하는 것이 실력있는 지휘자의 상징처럼 여겨지기도 한다. 처음으로 암보 지휘를 한 사람은 아르투르 토스카니니로 알려져 있다. 그가 암보 지휘로 각광을 받자, 오토 클렘페레는 "저 지독한 근시 때문에 우리도 악보를 외우게 되었다."고 투덜거렸다는 일화도 있다. 나중에 알게 된 사실인데, 하이팅크는 지휘를 할 때 반드시 악보를 가지고 나온다고 한다. 오랜 경력의 지휘자라면 분명 암보한 곡이 많을 텐데 왜 악보를 들고 나왔을까? 연주회가 끝난 후, 나는 그 이유를 알 수 있었다. 마지막 커튼콜 때 무대에 올라온 그는 보면대에 있던 베토벤의 악보를 흔들어 보이며 관객들에게 인사했다. 관객들이 보내는 열광적인 환호를 작곡가의 덕으로 돌린 것이다. 악보를 음악 자체로 여겼던 그의 겸허함이 느껴지는 장면이었다.

하이팅크는 2019년 6월에 은퇴를 선언했다. 이후 3번의 연주회를 끝으로 65년의 지휘자 경력을 마무리했다. 이 세 번의 은퇴 연주회 모두에서 브루크너 교향곡 7번을 연주했다. 1954년에 네덜란드 라디오 심포니와 브루크너 7번으로 데뷔한 것을 생각하면, '처음과 끝이 한결같은' 하이팅크식 성실함이 느껴진다. 이 연주회들(2019년 6월 15일 네덜란드 라디오 심포니 오케스트라, 9월 3일 더 프롬스$^{\text{The Proms}}$에서 빈 필하모닉, 9월 6일 루체른 음악제에서 빈 필하모닉)은 유튜브에서도 볼 수 있는데, 지팡이를 짚고 등장해 1시간 반이 넘도록 완벽하게 포디

엄을 지키는 그 체력과 정신력이 놀랍다. 연주회가 끝난 후 극진한 존경을 표하는 관객들의 모습은 따듯한 감동을 전해 준다.

  우리나라 지휘자의 은퇴 연주회에서 감동을 받은 기억이 하나 있어서 소개하고자 한다. 큰 딸 유현이가 한양대 음대에 입학했을 때의 이야기이다. 이 대학은 매년 가을 오케스트라의 정기 연주회를 여는데 딸이 무대에 선다고 하여 우리 부부는 공연을 관람했다. 한양음대 오케스트라는 박은성 교수가 지휘를 해 왔는데, 그날 음악회는 그의 정년 퇴임을 기념하는 마지막 연주회였다. 몇 차례 앵콜곡이 이어졌지만 커튼콜이 계속되자 박 교수는 무대로 나와 마지막 곡을 지휘했다. 지휘봉이 시작을 알리자 〈스승의 은혜〉의 선율이 아름답게 흘러 나왔다. "아하! 은퇴하시는 선생님을 위한 선곡이구나!" 생각하는 순간, 연주하던 학생들이 갑자기 눈물을 왈칵 쏟는 것이 아닌가! 교수님과 얼마나 정이 들었을까 생각하니 가슴이 뭉클해졌다. 감동을 받은 관객들이 보내는 더 큰 박수와 환호와 함께 연주회는 마무리되었다. 음악회가 끝난 뒤 유현이에게 들은 사연이 더욱 감동적이었다. 학생들은 서프라이즈로 〈스승의 은혜〉를 준비해 교수님이 준비한 앵콜곡 대신 연주했던 것이다. 박 교수는 순간적으로 학생들의 의도를 알아차리고 감격의 눈물을 흘렸고, 이에 학생들도 눈물을 터뜨렸다고 한다. 요즘 대학에서 은퇴 교수에 대한 축하의 장이 사라지는 현실 속에서, 그날의 음악회는 따뜻한 기억으로 오래 남아 있다.

비범한 사람이 평범해 보일 때 사람들은 위안을 얻는다. '나도 저런 대단한 일을 해 낼 수 있을 것 같다'는 용기를 얻기 때문이다. 나는 하이팅크의 모습을 보면서 늘 그런 용기를 얻었다. 평범하면서 비범하게 보이려는 이들 속에서 하이팅크와 같은 사람을 만나는 것은 드문 일이다. 그는 악보를 암기의 대상이 아닌 음악 자체로 생각했고, 강렬하고 파격적인 음악을 강요하기보다는 물 흐르듯 자연스러운 음악을 만들어 냈다. 우리와 같은 평범한 이들에게 위안과 용기를 주던 그가 앞으로는 더욱 그리워질 것이다. 2011년 영국 《가디언》과의 인터뷰에서도 그의 겸손함은 여전히 빛났다. "지휘는 직업이면서 동시에 직업이 아니야. 참으로 모호한 일이지. 무엇이 좋은 지휘자를 만드냐고? 나도 지금까지 그것이 궁금해."

바르셀로나에서 만난 바이올리니스트

2016년 가을 나는 스페인의 바르셀로나에서 열린 유럽핵의학회에 참석하고 있었다. 바르셀로나가 워낙 유명한 도시이다 보니 아내와 동행했다. 인터넷 검색을 통해 학회 기간 동안에 열릴 공연을 하나 발견했는데, 지휘자 네빌 마리너 경(Sir Neville Marriner, 1924~2016)이 카다케스 오케스트라 Cadaqués Orchestra와 함께하는 연주회였다. 영국을 대표하는 음악가인 마리너 경은 세인트 마틴 인 더 필즈 아카데미 실내관현악단 Academy of St Martin in the Fields을 창립했고, 영화 〈아마데우스〉의 음악감독으로도 널리 알려져 있다. 나는 2002년 탱글우드 음악제에서 그의 연주를 들은 적이 있었기에, 기쁜 마음으로 티켓 두 장을 예약했다.

바르셀로나는 학회 참석자들에게 많은 즐거움을 선사했

다. 중흥기를 맞은 유럽의 핵의학을 보면서 우리도 희망을 느낄 수 있었다. 풍성한 학술 프로그램 외에도 시내 관광과 다양한 먹거리는 또 다른 즐거움이었다. 나에게는 숨겨진 또 다른 기쁨, 음악회가 있었다. 생각만 해도 가슴이 두근거렸다. 그런데 연주회는 내게 연이어 예기치 못한 놀라움을 안겨주었다. 첫 번째는 연주회 하루 전에 예약 상태를 확인하면서 찾아왔다. 며칠 전에 네빌 마리너 경이 타계한 것이었다! 지휘자는 다른 사람으로 바뀌어 있었고, 음악회의 타이틀도 '네빌 마리너 경 추모 음악회'로 변경되어 있었다. 이런 거장을 추모하는 음악회에 참석하게 된 것도 영광이라 생각하며 공연장으로 향했다.

연주회가 열릴 카탈루냐 음악당Palau de la Musica Catalana에 도착했을 때 두 번째 놀라움이 찾아왔다. 연주 홀이 넋을 잃을 만큼 아름다웠던 것이다! 카탈루냐 음악당은 바르셀로나가 낳은 또 한 명의 천재 건축가 루이스 도메네크 이 몬타네르Lluis Doménech i Montaner가 1908년에 건축한 너무도 아름다운 콘서트홀이다. 벽면은 웅장한 아치와 스테인드글라스 창이 조화를 이루고 있었고, 천장에는 안토니 리갈트가 디자인한 푸른색과 금색의 빛이 교차하는 거대한 스테인드 글라스 돔이 있었다. 외관은 작아 보였지만 약 2,200명을 수용할 수

벽면은 웅장한 아치와

스테인드글라스 창이 조화를 이루고 있었고,

천장에는 안토니 리갈트가 디자인한

푸른색과 금색의 빛이 교차하는

거대한 스테인드 글라스 돔이 있었다.

있으며, 낮 시간 동안 자연광으로만 조명이 이루어지는 유럽 유일의 연주회장이다.

그날 연주곡은 페르난도 소르의 발레곡 〈알퐁스와 레오노르 중 서곡〉, 멘델스존의 바이올린 협주곡 E단조, 베토벤의 교향곡 2번이었다. 가장 큰 놀라움은 서곡 연주가 끝난 뒤, 바이올린 협연자로 무대에 등장한 아우구스틴 하델리히Augustin Hadelich를 보았을 때 찾아왔다.

1984년생으로 당시 32세였던 하델리히는 놀랍게도 얼굴이 화상 흉터로 뒤덮여 있었다. 그는 토스카나 지방에서 성장했는데, 15세 때 집에서 발생한 화재로 얼굴과 상반신에 심한 화상을 입었다. 수차례 피부이식 수술을 받았지만, 담당의사는 그가 다시 연주하기 힘들 것이라고 말했다. 그러나 그는 불굴의 의지로 1년 만에 다시 바이올린을 손에 쥘 수 있었다.

심한 화상 자국에 놀란 내 마음은, 그의 활이 현에 닿자마자 완전히 새로운 놀라움으로 바뀌었다. 연주가 시작되자 아내는 내 귀에 속삭였다. "이렇게 우아한 바이올린 소리는 처음이야." 나 역시 내 귀를 의심하고 있었다. '왜 이렇게 소리가 아름답지? 연주 홀의 음향 때문인가? 아니면 내가 음악에 너무 굶주려 있었나?' 생각은 곧 이렇게 진화했다. '이토록 아름다운 사운드는 얼굴의 상처에서 잉태된 것이구나!'

멘델스존의 바이올린 협주곡 마단조는 '바이올린 협주곡의 여왕'으로 불릴 만큼 많은 사랑을 받아온 곡이다. 나 역시 수많은 연주를 들어 보았지만, 그날 저녁 하델리히의 연주는 이 곡을 완전히 새롭게 탄생시키고 있었다. 연주가 끝나자 객석에서는 우레 같은 박수갈채가 터져 나왔다. 하델리히는 얼굴 가득 미소를 띠며 인사에 인사를 거듭했지만, 나에게는 그의 표정이 감격에 겨워 울고 있는 것처럼 보였다.

호텔로 돌아와 인터넷을 검색해보니, 당시 국내에는 잘 알려지지 않았지만 그는 이미 2016년 초에 그래미상 최고 클래식 기악연주자 부문을 수상한 정상급 연주자였다. 한 인터뷰에서 그는 "어린 시절의 사고로 정신적 상처를 입었지만, 삶의 미래, 그리고 음악의 의미를 깊이 생각해 볼 수 있는 기회가 되었다. 음악이 내 삶에서 얼마나 중요한지를 분명히 깨닫게 됐다"고 말했다. 누구도 겪지 못한 고난을 이겨낸 그의 삶은 그만이 가질 수 있는 고유한 '풍미'를 음악 속에 저장했고, 특별히 아름다운 음색으로 표현되었을 것이다.

그 생각에 이르자 문득 '귀부貴腐와인'이 떠올랐다. 프랑스 소테른 지방에서 곰팡이에 감염된 포도로 만드는 이 와인은 꿀처럼 달콤하고 복합적인 풍미를 지닌다. 보트리티스 키네레아Botrytis Cinerea라는 곰팡이가 포도 껍질에 미세한 구멍을 만들어 수분이 증발하고 당분이 농축될 뿐 아니라, 이 곰팡이가 포도껍질에 번식하면서 특유의 풍미가 생성된다. 하델리히의 음악도 그러했다. 그의 사운드에는 살이 타들어 가는 고통을 딛고 일어선 사람만이 가질 수 있는 절절한 아름다움이 농축되고 스며 있었다.

  2017년 그가 서울시향과 내한공연을 가졌을 때의 일화도 음악적 인간적 성숙함을 보여준다. 바르토크 바이올린 협주곡 2번에서 가장 아름다운 2악장을 연주하던 중, 1층 객석 뒤편에서 높은 피치의 날카로운 소음이 들려왔다. 자폐 아동이 낸 목소리였다. 당황한 부모가 아이의 입을 막고 서둘러 퇴장하며 장내가 소란해졌지만, 하델리히는 미동도 없이 고도의 집중력으로 연주를 이어갔다. 연주 후 인터뷰에서 그는 이렇게 말했다. "연주자는 '쇼는 계속되어야 한다'는 원칙을 지켜야 합니다. 비상사태가 아닌 이상, 우리는 언제나 최선을 다해 연주해야 하죠. (…) 실내 공연에서 휴대폰 소리나 재채기 등 여러 방해 요소가 있을 수 있지만 그들로부터 자신을 차단할 줄 알아야 합니다." 그는 뉴욕의 교통 소음이 매우 심한 지역에서 15년간 살며, 소음을 차단하고 연습에 몰두하는 훈련을 했다고 한다. 이런 경험이 단단한 내면의 집중력을 길러주었을 것이다.

코로나 팬데믹 기간에도 그는 가장 활발히 활동한 음악가 중 한 명이었다. 콘서트가 취소되자 바흐의 음악을 집중 탐구해 자신만의 바흐 해석을 완성했고, 유튜브 채널 'Hadelich at Home'과 'Ask Augustin'을 통해 온라인 스트리밍 활동도 이어갔다. 그러나 그는 여전히 관객과 한 공간에서 숨을 나누는 콘서트를 가장 소중히 여긴다. "뮤직 비디오가 클래식 음악가들에게 중요한 작업의 일부가 되었지만, 콘서트 연주를 대체하지 못한다고 생각합니다. 라이브 콘서트는 음악을 공연장 안에서 다른 사람들과 함께 집단적으로 경험하는 것이고, 레코딩은 혼자 듣는 가상의 콘서트입니다. 소리의 복잡성은 스테레오로 단순화되며, 음반은 주로 혼자 듣죠. 저는 홀에 카메라만이 아니라 사람들이 있으면 연주도 달라지고 콘서트를 더욱 열정적으로 느끼게 되는 것 같습니다. 그래서 라이브 콘서트는 늘 그래왔던 것처럼 중요해요." 유튜브에 있는 그의 라이브 연주회를 보면 관객의 열광적인 반응이 유독 눈에 띈다. 그 이유가 이제는 조금 이해된다.

이것이 내가 2016년 바르셀로나에서 우연히 만난 젊은 바이올리니스트의 이야기이다. 하델리히는 초절기교를 갖춘 천부적 재능의 연주자이며, 직접 카덴차를 작곡하는 작곡가이기도 하다. 자신이 편곡한 〈알함브라 궁전의 추억〉에서는 기타 트레몰로를 스피카토만으로 연주했고, 영화 〈여인의 향기〉의 유명한 탱고 〈Por Una Cabeza〉에서는 마치 여러 대의 바이올린을 동시에 연주하는 듯한 착각을 불러일으킨다. 하지만 그가 단순히 재주 많은 연주자에 그치지 않고, 고통을 이겨낸 사람만이 만들어낼 수 있는 독특한 '풍미'의 사운드를 지닌, 실로 보기 드문 예술가라는 점에서 나는 더 큰 감동을 받는다. 이렇게 귀한 연주자를 동시대에서 만난 것이 너무 고맙다. 이 글을 쓰는 지금, 무대에서 연신 고개를 숙이며 인사하던, '울상 같은' 그의 미소가 문득 그리워진다.

하델리히와 보낸 3박 4일

지난 글에서 나는 아우구스틴 하델리히를 자세하게 소개한 바 있다. 그는 15세 때 집이 화재로 불타면서 얼굴과 상반신에 심한 화상을 입었으나, 불굴의 의지로 화상의 후유증을 극복하고 이제는 완벽한 테크닉에 독특한 감성을 갖춘 세계적인 연주자가 되었다. 하델리히에 대한 자료를 찾다가 그가 곧 내한공연을 한다는 반가운 소식을 접했다. 2023년 6월 27일부터 서울, 안동, 통영을 순회하며 루체른 심포니 오케스트라와 협연을 펼치고, 6월 28일 밤에는 고양시 어울림극장에서 독주회가 예정되어 있었다. 나는 시카고에서 열린 미국핵의학회를 마치고 귀국하는 날인 28일 밤의 독주회와 7월 1일 토요일 오후의 통영 연주회를 예약했다.

시카고에서 14시간에 가까운 비행 끝에 인천공항에 도착하자마자 바로 일산으로 향했다. 귀가하여 여독을 풀기보다 일산으로 가는 것이 과연 옳은 판단인지 잠시 망설이기도 했지만, 코로나 팬데믹 이후 3년간 음악회에 굶주려 있던 내 마음을 바꾸지는 못했다. 광주에서 기차로 먼저 도착해 있던 아내, 그리고 일산에 사는 고교 동창 태일이 부부와 함께 간단한 저녁식사를 한 뒤 고양시 어울림 극장으로 향했다.

이날 하델리히는 반주자 없이 오롯이 혼자 무대에 올라 독주회를 열었다. 연주곡은 요한 제바스티안 바흐의 〈무반주 바이올린 파르티타 2번과 3번〉, 콜러리지-테일러 퍼킨슨 Coleridge-Taylor Perkinson의 〈Blue/s Forms〉, 그리고 외젠 이자이 Eugéne Ysaÿe의 〈무반주 바이올린 소나타 제2번〉으로 구성되었다. 무대에 등장한 하델리히를 향해 관객들은 예상외로 뜨거운 반응을 보였다. 연주가 시작되기도 전에 환호가 섞인 박수갈채가 쏟아지는 것을 보니, 이미 우리나라에도 그의 열혈 팬층이 꽤 형성되어 있는 듯했다.

솔직히 이 연주회를 제대로 즐길 자신이 없었다. 최근 내게 바이올린 음악의 새로운 기쁨을 선사해준 하델리히의 연주일지라도, 긴 비행으로 인한 피로가 쌓인 데다 전곡이 무반주 독주곡으로만 구성되어 있어 집중이 쉽지 않을 것 같았기 때문이다. 아내도 연주 중 내가 졸지 않을까 근심하는 눈치였다. 첫 곡 바흐의 〈파르티타 3번〉에서 들려온 그의 투박하면서도 강한 질감의 바이올린 소리는, 내게 다소 멍한 상태로 다가왔다. 그러나 퍼킨슨의 곡에서 예민하고 날카롭게 변하는 음색을 들으면서 정신이 서서히 깨어나기 시작했다.

마지막 곡인 바흐의 〈파르티타 2번〉은 경이로움 그 자체였다. 진지한 알르망드Allemande로 시작해, 경쾌한 프랑스 춤곡 쿠랑트Courante, 명상적인 사라반드Sarabande, 활기찬 지그Gigue를 지나, 마침내 위대한 피날레인 샤콘느Chaconne에 이르렀다. 마치 단 한 대의 바이올린으로 웅장한 건축물을 쌓아 올리는 듯한 이 곡은, 바이올린이란 악기가 지닌 음악적 잠재력을 극한까지 밀어붙이며, 그 내면 깊숙이 감춰진 능력을 최대치로 끌어올린다. 브람스는 바흐의 샤콘느를 가리켜 "어떻게 이렇게 작은 악기로 그 깊은 사상과 강렬한 감정을 담아온 세계를 표현할 수 있는지 놀랍다"고 말한 바 있다. 이 곡은 오르가니스트였던 바흐가 오르간 음악을 바이올린으로 표현하여 작곡한 곡으로 바이올린 연주의 지평을 획기적으로 넓힌 작품이다. 하델리히는 이 곡을 통해 자신의 음악적 잠재력을 유감없이 발휘했고, 나는 '도대체 그의 한계는 어디까지일까?' 하는 궁금증을 떨칠 수 없었다. 연주가 끝나자 관객들의 반응은 열광 그 자체였다. 우리나라에서 보기 드물게 열광적

고양시 어울림 극장의 관객들은
하델리히의 연주에 열광적으로 반응했다.
그는 특유의 울상 섞인 미소로,
말없이 그 뜨거운 마음에 응답했다.

인 기립박수가 터져 나왔다. 하델리히는 특유의 '울상 미소'를 지으며 무대에 수차례 나와 연신 고개를 숙이며 관객의 박수에 화답했다.

  이날의 독주회는 하델리히와 청중 사이에 아무것도 존재하지 않는, 오롯이 하델리히의 바이올린만을 감상할 수 있는 아주 순도 높은 경험이었다. 반주도 추임새도 없는 '쌩얼'의 연주, 혼신을 다한 연주를 같은 공간에서 함께 호흡하고, 때로는 숨을 죽이며 들으면서 나는 연주자와 하나가 된 것 같았다. 며칠이 지난 지금도 마치 그와 오랜 시간 흉금胸襟을 터놓고 마음을 나눈 듯 착각이 들 정도다. 이는 오케스트라가 함께 연주하는 협주곡에서는 좀처럼 경험할 수 없는 감정이다. 긴 항공 여정으로 몸은 천근만근 무거웠지만, 마음속 깊은 곳까지 행복감이 밀려왔다. 레코딩 음악감상으로는 느낄 수 없는 희열이었다. 연주회 후 태일의 집에서 나누어 마신 와인 한 잔의 정취는 그날 밤의 감동을 천천히 숙성시키는 듯한 더없이 근사한 에필로그였다.

  7월 1일 토요일 아침에 아내와 함께 이번에는 통영으로 향했다. 이번 음악여행에는 우리 대학 사학과의 이성원 교수 부부가 동행했다. 한려수도의 절경 위에 우뚝 솟은 통영국제음악당의 아름다움은 그야말로 입이 벌어질 정도였다. 로비에서 아내가 잘 아는 광주시향 단원을 우연히 만나 무대 대기실에서 보이는 경관에 대해 들었는데, 연주자들이 너도나도 감탄을 금치 못했다고 한다. 이렇게 아름다운 도시에서의 공연인 만큼, 음악회 이후의 여운 또한 근사한 에필로그가 되어줄 것 같았다.

이날의 프로그램은 프란츠 슈레커Franz Schreker의 〈Intermezzo〉, 베토벤 바이올린 협주곡 D장조, 멘델스존 교향곡 4번 〈이탈리아〉로 구성되었다. 베토벤의 바이올린 협주곡은 장대한 스케일과 높은 난이도로 유명한 바이올린의 명작이다. 지휘자 미하엘 잔데를링Michael Sanderling은 지휘봉 없이 맨손으로 등장했다. 저 유명한 팀파니의 두드림과 함께 협주곡이 시작되고, 목관악기의 목가적 선율이 이어졌다. 유난히 긴 오케스트라 전주가 계속되는 동안, 하델리히는 그 음악에 완전히 몰입한 듯했다. 몸을 좌우로 가볍게 흔들고, 고개를 숙인 채 비트에 반응했다. 그의 이런 모습은 협주곡 중간중간에 솔리스트의 연주 없이 오케스트라 튜티orchestra tutti가 나올 때마다 관찰되었다. 이는 자신의 파트뿐 아니라 전체 음악을 함께 느끼고 있다는 증거였다.

그의 바이올린은 오케스트라 위에 과하게 도드라지지 않았다. 오히려 마치 독주 파트가 오케스트라 안에 녹아 들어 조화롭게 대화를 나누는 듯했다. 베토벤의 이 협주곡은 독주 파트의 난이도가 매우 높으면서도 연주자의 기교를 뽐낼 수 있는 요소는 매우 드물고, 오케스트라가 반주의 영역에만 머무르지 않는 소위 '독주가 포함된 교향곡'이라 할 만한 작품이다. 하델리히는 이 협주곡의 본질적인 특징을 잘 이해하고 있는 것 같았다. 그의 현란한 테크닉은 카덴차에서 충분히 만끽할 수 있었고, 전곡에 걸친 매끄러운 프레이징이 일품이었다. 특히 3악장에서 하델리히가 오케스트라와 주고받는 유희는 이 연주의 압권이었다. 연주가 끝나자 천지가 진동하는 박수갈채가 쏟아졌고, 그는 수차례 무대에 나와 커튼콜에 응답했다. 마지막 앵콜곡으로는 영화 〈여인의 향기〉의 유명한 탱고 음악 〈Por Una Cabeza〉를 연주했다. 음악에 대한 갈증을 완벽히 해소해 준 이번 연주는 단연 '내 인생 최고의 음악회'였다.

현 세대에서 위대한 바이올리니스트의 반열에 오른 하델리히는 최근 인생 최고의 동반자를 만났다. 바로 '레두크-셰링 과르네리 델 제수'라는 바이올린이다. 이 악기는 과르네리가 1744년, 생전에 마지막으로 제작한 명기로 폴란드 출신의 유명 바이올리니스트 헨릭 셰링(Henryk Szeryng, 1918~1988)이 생전에 사용했다. 셰링이 사망한 뒤 이 악기는 대중 앞에서 단 한 번도 연주되지 않은 채 30년 넘게 봉인되어 있었다. 그러던 중 2019년, 타리시오 재단Tarisio Trust이 봉인을 풀고 하델리히에게 독점적으로 장기 대여한 것이다. 바흐 무반주 소나타와 파르티타의 명연주로 잘 알려진 세링의 악기가 하델리히의 손에서 다시 울려 퍼진다는 사실만으로도 무척 흥미롭고, 앞으로 그가 펼칠 더 깊은 음악적 여정이 기대된다.

하델리히와 루체른 심포니는 서울, 고양, 안동, 통영 등 여러 도시에서 연주회를 가졌다. 그들의 연주회가 광주에서도 열렸다면 얼마나 좋았을까 하는 아쉬움이 진하게 남는다. 최근 들어 외국 유명 연주 단체의 광주·전남 지역 공연은 '가뭄에 콩 나듯' 드문 일이 되어버렸다. '예향', '아시아 문화 중심 도시'를 자처하는 지역의 문화 현주소가 실상은 타 지역의 소도시 수준에도 못 미친다는 현실이 안타깝다. 양질의 공연과 전시가 자주 열려야 지역민의 문화적 감수성이 높아지고, 동시에 지역 예술 단체들의 수준 또한 함께 성장할 수 있다. 실제로 고양시와 통영시의 연주회장에서 내가 느낀 청중의 관람 수준은 매우 높았다. 수준 높은 공연이 꾸준히 이어지는 곳이니 당연한 결과일 것이다.

연주회의 감동을 안고 이 교수 부부와 함께 따뜻한 만찬까지 마친 뒤 호텔로 돌아오니, 루체른 심포니 단원들도 같은 곳에 머물고 있었다. 호텔 로비와 엘리베이터, 조식 뷔페 등에서 단원들과 자주 마주쳤고, 특히 바순 연주자와는 유난히도 자주 마주쳐 인사를 나누고 서로 소개할 정도로 가까워졌다. 무대 위에서 환상적인 연주를 들려주던 음악가들을 평범한 일상 속에서 만나는 일은 매우 색다른 경험이었고, 이런 자연스러운 문화적 접촉이 많아질수록 문화는 더 깊이 우리의 삶에 스며들 것이다. 고양시 어울림 극장과 통영국제음악당 로비의 모니터에 연속적으로 공지되는 음악회 예고를 보며, 우리 지역에서도 이런 멋진 공연들이 수시로 열릴 수 있기를 간절히 바라며 광주로 돌아왔다.

빈 필, 그 보수적인 자유로움

 2023년 가을, 나는 빈 필하모니 관현악단(이하 빈 필)의 연주회를 두 차례나 감상하는 행운을 누렸다. 빈 필은 1842년 빈 궁정 오페라극장 소속 관현악단을 연주회용 악단으로 활용하기 위해 창단되었다. 19세기 후반에는 브람스와 브루크너의 교향곡 등 수많은 명작들을 초연하였고, 오늘날에는 베를린 필과 함께 세계 최고의 오케스트라로 손꼽힌다. 나는 9월 유럽핵의학회 참석차 빈을 방문했을 때와, 11월의 빈 필 내한공연을 각각 관람할 수 있었다.

 9월 연주는 빈 필의 주 연주홀인 뮤지크페어라인Musikverein이 아닌 빈 콘체르트하우스Wiener Konzerthaus에서 열렸다. 이 다목적 연주회장은 1913년에 개관하였으며, 가장 큰 홀인 그로서잘Großer Saal에서는 개관 당시 설치된 110년 된 파이프 오르간이 여전히 사용되고 있다. 중앙 로비에는 커다란 베토벤 조각상이 우뚝 서 있어 관객을 맞는다. 이날 연주회에서는 체코 출신의 야쿠브 흐루사Jakub Hrůša의 지휘로 야나체크와 에네스쿠의 모음곡과 라흐마니노프의 교향적 무곡Symphonic Dances op. 45이 연주되었다. 익숙하지 않은 난해한 곡들이었지만, 빈 필의 완벽한 연주 덕분에 어렵지 않게 음악에 몰입할 수 있었다. 특히 에네스쿠의 〈모음곡Suite für Orchester Nr. 1, op.9〉에서 연속적인 스포르잔도sforzando의 선명함이 인상적이었다.

빈 시내를 둘러보다 연주회 1시간 전에 공연장에 도착했을 때 뜻밖에도 우리 대학 공대 김재국 교수 부부를 만났다. 유럽에서 연구년 중이던 김 교수 부부 역시 이 연주회를 보기 위해 방문한 것이다. 김 교수의 좌석은 2층 측면이었는데, 나와 내 아내의 모습을 촬영한 사진을 보내 주었다. 빈의 청중 사이에서 자연스럽게 녹아 든 우리 부부의 모습이 너무나 인상 깊게 담겨 있어 지금까지 프로필 사진으로 보관하고 있다. 연주회 다음 날에는 우리 대학 국현 교수의 소개로 빈 시내의 한국 식당 '다스 김치Das Kimchi'에서 식사를 했는데, 그곳의 김준 사장과도 금세 친해졌다. 빈 필 연주회를 관람한 이야기를 나누던 중, 자기가 빈 필 후원회원이라며 11월 내한 공연의 초대장을 건네주었다. '완전 대박!!' 이렇게 해서 11월의 내한 공연까지 관람할 수 있었다.

11월 8일의 공연에서는 러시아 출신의 지휘자 투간 소키에프Tugan Sokhiev의 지휘로 베토벤 교향곡 4번과 브람스 교향곡 1번이 연주되었다. 아내와 나는 무대 뒤편 좌석에 앉았는데, 바이올린 파트의 뒤쪽 위치였다. 이 자리에서 바라본 연주는 과거에 지휘자 뒤편 객석에서 보던 것과는 사뭇 다른 느낌이었다. 영상으로만 접하던 지휘자와 단원 간의 생생한 교감이 눈앞에서 펼쳐졌다. 첫 악장이 끝난 후 아내는 "지휘자의 비트가 잘 보이지 않네"라고 말했다. 그러고 보니, 이 오케스트라는 지휘자의 비트가 필요 없는 것처럼 보였다. 지휘자의 바통은 음악을 표현할 뿐, 지시를 내리는 도구는 아니었다. 연주회가 끝난 후 인터넷 블로그에서 본 감상평이 재미있다. "이 세상에서 가장 편한 직업은 빈 필의 지휘자와 미국프로농구 대표팀 감독이다." 우스갯소리 같지만, 이날 지휘자 소키에프는 실제로 별로 할 일이 없는 듯 보였다. 그는 최소한의 지시만 내렸고, 음악을 풍성하게 표현하는 데 더 전념하는 모습이었다.

연주회의 마지막 곡이 끝나고 그치지 않는 커튼콜과 함께 앵콜곡이 연주될 기미가 보였다. 앵콜곡하면 가장 흔히 연주

빈의 청중 사이에서 자연스럽게 녹아 든

우리 부부의 모습이 너무나 인상 깊게 담겨 있어

지금까지 프로필 사진으로 보관하고 있다.

되는 곡이 생각나, '제발 브람스의 헝가리 무곡만은 아니길' 마음 속으로 외쳤다. 이윽고 연주된 곡은 요한 슈트라우스 2세의 〈봄의 소리 왈츠〉였다! 빈 필이 연주하는 요한 슈트라우스의 왈츠는 정말 황홀했다. 마치 꿈속에서 듣는 것 같았다. 3박자의 리듬은 변화무쌍했고, 음표들은 살아있는 듯 자유롭게 모여지고 흩어졌다. 단원들은 서로의 호흡에 맞춰 자연스럽게 움직이며 하나의 유기체처럼 연주했다. 빈 필의 유려한 연주 속에서 지휘자 소키예프는 춤을 추는 무용수처럼 왈츠의 정수를 온몸으로 표현했다. 앵콜 연주가 끝나고 귀가 열차를 타기 위해 공연장을 떠나려는 순간, 두 번째 앵콜곡이 다시 우리를 자리에 붙들어 놓았다. 요한 슈트라우스 2세의 〈트리치-트라치 폴카Tritsch-Tratsch Polka〉였다. 살아 숨쉬는 리듬감으로 제목이 말하듯 아낙네들의 수다 소리가 오롯이 느껴지는 이 곡은 오늘 음악회의 화룡점정이었다. 예상외로 늦게 끝난 연주회 때문에 우리 부부는 예약한 기차를 타기 위해 밤거리를 달려야 했다. 가쁜 숨을 몰아쉬며 기차에 오른 순간, 오늘 연주회의 여운이 더욱 진하게 밀려왔다.

  이번 두 차례의 빈 필 연주회에서 가장 눈에 띄는 점은 무대에 오른 단원 대부분이 남성이었다는 것이다. 빈 연주회에서는 여성 단원이 4~5명에 불과했고, 내한 공연에서도 겨우

10명 남짓이었다. 요즘 대다수 오케스트라에서 여성 연주자가 다수를 이루는 것과는 대조적인 모습이었다. 인터넷 검색을 해보니 빈 필의 '여성 배제'의 역사는 매우 길었다. 출산과 육아가 연주력의 일관성을 해칠 수 있다는 편견이 오랫동안 지배했기 때문이란다.

빈 필의 첫 여성단원은 하프 연주자 안나 렐케스Anna Lelkes였다. 남성 하프 연주자를 구하지 못해 채용된 그녀는 무려 26년 동안 비정규 단원으로 여러 가지 차별을 감내해야 했다. TV 중계 시 카메라가 그녀의 얼굴을 비추지 못하도록 조치되기도 했다. 그녀는 1997년 57세의 나이에 정규 단원이 되었지만 얼마 뒤 은퇴했다. 이후 사회적 비판이 커지자 빈 필은 2007년 이후 본격적으로 여성 단원을 채용하기 시작했는데, 여성 연주자의 실력이 향상되고 사회적 활동력을 인정받았기 때문이었다. 마침내 2011년 빈 필 역사상 처음으로 여성 악장이 탄생했다. 바로 알베나 다나일로바Albena Danailova였다. 그녀는 2013년에 우리나라 언론과의 인터뷰에서 이렇게 말했다. "오스트리아는 사회보장제도와 여성의 권리가 가장 잘 보장되는 나라예요. 세간의 소문대로 의회가 빈 필에 압력을 넣은 것은 아니에요. 빈 필이 시대 흐름에 동참한 거죠. 빈 필이 여성 악장을 뽑는 시대에 제가 태어나 타이

밍이 절묘했어요."

빈 필은 보수적으로 느껴질 정도로 전통을 고수하는 것으로 유명하다. 빈 필의 단원은 빈 국립오페라단 소속의 오케스트라에서 최소 3년 이상 활동한 뒤 오디션을 통해 선발되며, 이후에도 오랜 기간 동안 선배 단원들에게 도제식 교육을 거쳐야 한다. 현악기 주자들의 비브라토 주법까지 일관되게 유지될 정도로 연주 스타일은 엄격히 통일된다. 관악기도 빈 필 고유의 악기를 고집하는데, 호른이나 오보에의 경우 19세기 모델을 사용한다. 개량된 현대 모델보다 연주하기 까다롭고 소리도 다르지만, 그만큼 독특한 사운드를 확보할 수 있는 선택이다. "빈 필은 협력을 가장 중요하게 생각해요. 일사불란한 하모니에 방해되는 행동을 용납하지 않아요. 또 단원과 객원 지휘자 선발에 조금의 부정을 용납하지 않고 최고의 최고만을 고집해요. 지금까지 빈 필이 세계 정상을 유지하는 원동력이죠." 여성 악장 다나일로바의 이야기이다.

하지만 빈 필에는 이러한 보수성과 함께 진보적인 경영 철학도 존재한다. 전 세계적으로도 드물게 민주적으로 운영되는 이 오케스트라는 상임지휘자(음악감독)를 두지 않으며, 최고 의사결정은 제1바이올린 주자가 의장을 맡는 운영위원회에서 이루어진다. 전 세계 대부분의 오케스트라들은 경영조

직을 별도로 두고 있지만, 빈 필은 지휘자 선발 등 음악적 결정은 물론 홍보와 마케팅, 자금조달 등 모든 경영활동에 단원들이 직접 참여한다. 그러고 보면 빈 필은 직접민주주의를 실현하고 있는 셈이다. 이런 민주적 경영구조가 지휘자의 비트조차 필요 없을 만큼 자율적이고 자유로운 연주로 이어지는 것이다.

우리나라 오케스트라에는 여성 단원이 압도적으로 많다. 2012년 기준으로 부천시향은 85%, 서울시향은 62%, 수원시향은 67%가 여성 단원이었다. 이는 오스트리아보다 여성이 더 존중받기 때문이 아니라, 음악을 전공하는 남성이 드물기 때문이다. 대한민국에서 음악대학을 졸업하고 오케스트라에 입단하는 것은 '하늘의 별따기'이다. 월급을 제대로 주는 국내 국공립 오케스트라가 서른 개도 안 된다. 일자리가 적어 한번 들어가면 잘 나오지 않으니 입단 오디션은 가뭄에 콩 나듯 열린다. 더구나 많은 시립교향악단들은 단원이 퇴직하더라도 신속히 신입단원을 뽑지 않고 한동안 비정규직 단원으로 운영한다. 이처럼 불안정한 구조에서, 가정을 책임져야 한다는 전통적인 남성관이 지배하는 한국 사회의 남성들은 예술을 전공하는 것을 기피하게 되는 것이다. 여성 위주의 국내 오케스트라 연주회를 볼 때면, 무대 위에 오르지 못하는 음악

빈 필하모니 관현악단은
때로는 지나치게 보수적으로 느껴질 만큼 전통을 철저히 고수하면서도,
전 세계적으로도 드물게 민주적인 방식으로 운영되는 오케스트라다.
보수적인 음악성과 진보적인 경영 철학이 공존하는 독특한 균형 속에서,
빈 필하모니는 세계 최고의 자리를 굳건히 지켜오고 있다.

전공자들이 생각나서 씁쓸하다. 한국은 세계가 인정하는 음악적 재능이 가장 뛰어난 나라이다. 우리나라의 음악가들이 설 수 있는 무대가 더 많아지기를 소망한다.

 빈 필은 최고의 실력을 중시하여 자기만의 사운드를 만들어가는 전통을 세웠다. 최고의 음악을 위해서 고집스럽게 타협을 거부했지만, 시대의 변화에 적응하여 여성 단원을 받아들이고 오래지 않아 그중 최고를 악장으로 임명하였다. 오케스트라의 운영도 책임자의 권위에 기대기보다 단원들의 자발적이고 민주적인 합의에 의해 이루어진다. 상임지휘자 없이도 당대 최고의 지휘자들과 만나 그들의 음악을 '빈 필의 사운드'로 승화해낸다. 전통을 지키려는 고집, 어떤 지휘자를 만나도 빈 필의 사운드로 녹여내는 역량, 상상을 초월하는 음악의 자유로움, 구성원의 합의에 의한 민주적 운영 체계, 이러한 빈 필의 모습에서 나는 진정한 보수의 품격을 느낀다.

의대음악회

1985년 의예과에 입학하여 관현악반에 가입했다. 당시에 대부분의 신입생들은 '친목동아리'나 '취미동아리'에 가입하곤 했다. 의료봉사를 하는 친목동아리는 결속력이 강하고, 선후배 간의 규율이 엄격했다. 특히, 교과서 외의 강의 노트 등 학습자료를 친목동아리의 1년 선배들로부터 제공받는 구조였기 때문에, 여기에 가입하지 않으면 학교생활이 쉽지 않았다. 반면 취미동아리—관현악반, 합창반, 연극반, 사진반, 영어회화반, 클래식기타반, 국악반 등—는 음악회나 연극제, 미술전과 같은 연례 행사를 준비하는 것이 주목적이었고, 조직력이나 규율은 상대적으로 느슨했다.

나는 개인의 자유를 구속받는 것을 싫어해서 친목동아리의 강한 규율이 답답하게 느껴졌다. 가입 얼마 후 탈퇴하고 관현악반에만 가입했다. 어린 시절부터 배운 바이올린으로 관현악 연주를 한다는 것이 큰 매력으로 다가왔기 때문이다. 관현악반에서는 큰 환영을 받았다. 그 당시 나처럼 오랫동안 바이올린을 배운 학생은 드물었기 때문이다. 말하자면, 즉시 실전에 투입 가능한 신인의 입단이었다. 관현악반에는 음악적인 감수성이 뛰어난 선배들이 많았다. 내가 신입생일 때 본과 4학년이던 임형종 선배는 음감이 매우 뛰어나 합주 중에 틀린 음정을 신기하게도 잘 찾아냈다.

어느 날 임형종 선배가 '광주실내악단'에 가입하라고 권유하였다. 전남대와 조선대의 음대생들이 모여 바로크와 고전주의 음악을 연주하는 소규모 오케스트라chamber orchestra인데, 내가 초등학교 6학년 때 모차르트 바이올린 협주곡 5번을 협연했던 곳이기도 했다. 비전문가인 나보다 연주력이 뛰어난 음악 전공생들과 연주하는 것은 항상 흥분되었고 경이로웠다. 다양한 실내악곡들을 연주하면서 앙상블의 매력을 느낄 수 있었다. 무엇보다도 그곳에서 활동하던 아내를 만날 수 있었던 것이 가장 큰 수확이었다!

전남의대 관현악반은 1년에 두 번 연주회를 연다. 가을에는 〈의대음악회〉, 봄에는 〈관현악반 정기연주회〉가 열린다. 〈의대음악회〉는 1957년 이후 지금까지 이어져 온, 호남 지역에서 가장 오래된 음악회로, 의과대학 내 음악 동아리들이 한두 곡씩 무대에 올리는 형식으로 열렸다. 내가 학생이던 시절에는 관현악반, 합창반, 국악반, 클래식기타반이 참가했으나, 현재는 관현악반과 합창반만이 무대에 오르고 있다. 〈관현악반 정기연주회〉는 내가 본과 4학년이던 1990년 봄, 첫 연주회를 시작으로 지금까지 이어지고 있는데, 이는 합동 연주회 형식의 〈의대음악회〉가 갖는 한계를 보완하기 위해 만든 관현악반 단독의 연주회였다.

예나 지금이나 의과대학을 다니면서 해마다 연주회를 준비하는 일은 쉽지 않다. 본과 과정의 과중한 학습량 속에서 음악회 연습 시간을 마련하는 것은 고도의 시간 관리가 요구된다. 특히 회장단이 되면 공연장 섭외, 연습실 확보, 단원 관리, 자금조달—주로 연주회가 다가오면 전국에 있는 OB선배들을 방문하여 후원금을 받았다—, 악보 제작, 객원 단원 섭외까지 모든 실무를 책임져야 한다.

1988년 우리 학년이 회장단을 맡았던 해는 관현악반의 역사상 가장 열악한 시기 중 하나였다. 동아리 룸으로 사용하던 건물에서 화재가 발생해 사용이 금지된 것이다. 우리는 도라지 동산, 지금은 주차빌딩이 들어선 학교 뒷동산에서 야외 연습을 해야 했다. 같은 처지였던 연극반이 우리를 딱하게 여겼는지, 발성연습을 하는 저녁 8시까지는 그들의 조명을 사용해도 된다고 배려해 주었다. 이후에는 양초가 꽂힌 종이컵을 보면대에 고정하고 불을 밝혀 연습을 이어갔다. 9월의 밤바람에 촛불이 흔들릴 때면, 한 사람은 악기를 내려놓고 촛불을 감싸며 불길을 살려냈다. 그 시절 회장단을 함께 맡았던 고향미, 김벌아, 박순영, 박은영, 이기태, 이지영, 전미정 동기의 고생은 말로 다 할 수 없다. 그때 무대에 올렸던 모차르트의 교향곡 25번을 들으면, 도라지 동산의 선선한 가을 바람이 떠오른다.

1980년대 대학가에는 반독재 민주화 운동의 열기가 뜨거웠다. 이 시기 운동권 학생들 중에는 마르크스주의를 학습하는 이들이 많았고, 그들 가운데 일부는 클래식 음악, 특히 관현악 활동을 부르주아적이며 반민중적인 것으로 보기도 했다. 대놓고 비난을 받는 일은 없었지만, 최루탄 연기가 채 가시지 않은 캠퍼스에서 친구들이 땀과 눈물범벅이 되어 경찰에 쫓기는 동안 합주 연습을 하는 모습은 누군가에겐 한가롭게 비칠 수도 있었을 것이다. 물론 열린 사고를 가진 운동권 학생들 중에는 음악 활동을 오히려 부러워하는 이들도 있었다. 시대적 흐름에 적극적으로 참여하지 못했던 나는 그런 분위기 속에서 스스로 자격지심을 느끼기도 했다.

정통 마르크스주의 미학은 예술을 오직 사회 현실을 반영하는 수단으로 보았고, 예술 고유의 상상력과 해방성을 억압했다. 그들에게 음악은 계급투쟁의 표현이자 공산주의의 위대성과 조화를 이루어야 하는 수단이었다. 반면 불안정하고 예민한 암시는 체제에 혼란을 초래할 수 있는 위험 요소로 간주되었다. 스탈린 치하의 소련에서는 수많은 예술가들이 이런 이유로 체포되어 투옥되거나 처형당했다. 드미트리 쇼스타코비치나 다비드 오이스트라흐 같은 예술가들도 언제나 공산당 기관지 〈프라우다〉의 비판에 노출되어 있었고, 정치적 숙청의 공포 속에 살아야 했다.

독일계 미국인 사회철학자 헤르베르트 마르쿠제(Herbert Marcuse, 1898~1979)는 자신의 저서 〈미학의 차원〉에서 정통 마르크스주의적 미학을 비판했다. 그는 예술을 단순히 경제적·사회적 계급 구조의 산물이나 소유로 환원해서는 안 되며, 그 안에 담긴 상상력과 혁명적·해방적 가능성을 인식해야 한다고 주장했다. 클래식 음악과 같은 예술 장르가 비록 부르주아적 환경에서 탄생했을지라도, 그것이 사회의 억압을 고발하거나 인간의 자유를 꿈꾸고 상상하게 만든다면 충분히 해방적이고 혁명적인 가치를 지닌다고 본 것이다. 예술은 현실을 반영할 뿐 아니라, 그 현실 너머를 상상하게 하는

의대음악회는 계속되어야 한다.

그것은 단순한 음악회 이상의 의미를 지닌다.

그것은 삶과 예술, 치유와 해방이

하나의 선율로 어우러지는,

우리의 기억이고 약속이며,

우리가 지켜야 할 아름다운 전통이다.

힘, 억압된 삶을 넘어설 수 있다는 가능성의 지평을 여는 힘을 가지고 있다는 것이 마르쿠제의 믿음이었다.

한 사회의 예술적, 문화적 수준이 높아지기 위해서는 전문 예술인뿐 아니라, 예술을 사랑하고 향유할 줄 아는 시민들의 내면적 성숙도 함께 자라야 한다. 그런 의미에서 우리 대학의 〈의대음악회〉는 아마추어 음악 시민을 길러내는 산실이었다. 70년 가까운 세월 동안 이 음악회가 이어져 온 힘은 무엇일까? 그토록 고단한 의학 공부 속에서도 학생들이 악기를 놓지 않고 무대에 올랐던 열정의 원천은 어디에서 비롯된 것일까?

그 동력의 근원에 마르쿠제가 말한 '해방적 상상력'이 있었던 것은 아닐까 생각해본다. 의학이라는 고된 여정을 걸어가는 동안, 우리는 늘 그 너머를 상상했다. 치열한 학업 속에서도 악기를 들고 무대에 오른 것은, 바로 그 상상 속에서 느끼는 해방감을 현실로 옮겨오고자 했기 때문이다. 서툴고 어설픈 연주였지만, 그 속에는 억눌림을 벗어나 자유를 향해 나아가고자 하는 열망이 깃들어 있었다.

생각해 보면 의학의 궁극적 목표 역시 '해방'이다. 질병과 고통, 불완전의 불편과 불안을 껴안은 환자들을 그 속박으로부터 자유롭게 해 주는 일, 그것이 의사의 본질적 책무이다. 그렇다면, 우리가 학생 시절 바쁜 일과 속에서도 시간을 쪼개어 연습실로 모였던 일도, 음악을 통해 잠시나마 자기자신과 타인을 해방시키고자 했던 본능적인 실천이 아니었을까.

   그 생각이 미치자, 지난 37년 전 도라지 동산에서 흔들리는 촛불을 감싸며 악보를 넘기던 선후배 친구들의 얼굴이 하나씩 떠오른다. 거센 바람에도 꺼지지 않았던 그 불빛처럼, 우리 안의 음악과 해방에 대한 열망도 꺼지지 않을 것이다. 〈의대음악회〉는 계속되어야 한다. 그것은 단순한 음악회 이상의 의미를 지닌다. 그것은 삶과 예술, 치유와 해방이 하나의 선율로 어우러지는, 우리의 기억이고 약속이며 우리가 지켜야 할 아름다운 전통이다. 우리 인생 최고의 음악회인 것이다.

에필로그

  이 책은 나의 첫번째 수필집이다. 공동 집필진으로 참여한 전공서적은 많이 있었지만, 온전히 나의 글로만 구성된 책을 출판한 것은 처음이다. 정준기 교수님께서 수필집 출판을 제안하셨을 때, 설레는 마음도 있었지만 두려움과 불안감이 더 컸다. 병원의 몇몇 구성원만 공유하던, 작은 식견의 내 글이 세상에 나온다고 생각하니, 마치 오랫동안 숨겨 온 나의 민낯이 드러나는 듯해 낯부끄럽고 머쓱한 기분이 들었다. 하지만 이 책이 나이 예순을 자축하는 '나를 위한 선물'이라 생각하자 조금은 뻔뻔해질 수 있었고, 이 책에 실린 모든 글들이 정준기 교수님의 감수를 거쳤다는 사실이 내게 용기를 주었다.

  나의 초등학교 5, 6학년 시절, 담임이셨던 서양순 선생님은 작문 담당 교사셨기에, 당시 나는 거의 매주 글 한 편씩을 써야 했다. 선생님께서는 원고지 쓰는 법, 기-승-전-결의 구성 등 문장 작법을 엄격히 가르치셨다. 학창시절 친구, 선후배, 여자친구에게 편지를 쓰면서, 또 훗날 연구계획서나 논문을 쓰면서, 나의 글쓰기가 평균은 되는 것 같아 선생님께 늘 감사하는 마음을 품고 있다.

한 편, 한 편 쓰면서 가장 힘들었던 것은 '마무리'였다. 정 교수님의 조언도 글의 마지막 부분에 집중되어 있었다. 좋은 주제를 가지고 순탄하게 써 내려가다가도, 마무리에 이르면 지식과 사유의 얄팍함이 항상 발목을 잡곤 했다. 글의 마무리를 위해서 얼마나 내면이 채워져야 하는지 절감했다. 글쓰기를 통해 얻은 가장 큰 깨달음이다. 몇 년에 걸쳐 서른 편이 넘는 글을 썼음에도, 여전히 마무리는 힘들다. 더 많이 읽고, 느끼고, 더 깊이 사유해야 더 나은 글을 쓸 수 있을 것 같다.

글을 쓰는 것은 생각보다 훨씬 어려웠다. 어떤 글은 한 문장 한 문장 이어 가는 것도 너무 힘들어 쓰고 지우기를 반복했다. 문맥이 막히면 인터넷을 검색하고, 관련 책을 읽기도 했다. 신기하게도, 그런 어려움을 하나씩 풀어가면서 처음에 의도했던 것보다 더 좋은 글이 나오는 경험을 했다. 이 책에 실린 글 가운데는, 나의 소양이나 애초의 의도를 넘어선, 스스로도 만족스러운 글이 더러 있다. 인터넷에 담긴 수많은 자료의 덕분이기도 하겠지만, 글을 쓰며 나 역시 조금씩 새로워졌기 때문이라고 믿는다. 주제가 떠오르면 일단 써 본다. 막히면 이리저리 방황하다 길을 찾고, 그러다 보면 내 능력 너머의 글도 쓸 수 있을 것이라는 긍정적인 기대를 품고서. 그래서 글을 쓰는 시간이 어떤 다른 일을 할 때보다 행복하다.

 이 책이 나오기까지 60년 인생을 함께 해 준 모든 이들에게 감사를 드린다. "나의 음악에는 살아오면서 경험하고 느낀 모든 것이 녹아 있다."는 임윤찬의 말처럼, 지금의 나 역시 60년 동안 내게 영향을 주었던 모든 사람의 흔적을 품고 있을 것이다. 내 삶에 함께 해 준 모든 분들께 깊이 감사드린다.

 25년 전 논문쓰기에서 시작해 이번 수필집 출판까지 글쓰기를 지도해 주신 정준기 교수님, 그리고 이 책의 모든 글에 빠짐없이 한 줄 평을 남겨 주신 범희승 교수님께 깊이 감사드린다. 이 책의 글을 완독해 주시고 소중한 추천서를 써 주신 박경옥 교수님께도 진심으로 감사드린다. 초보생의 서툰 글들을 기꺼이 출판해 주신 꿈꿀자유 출판사의 강병철 대표, 양현숙 편집장, 원경란 발행인, 신병근, 선주리 디자이너, 박보은 선생님께도 감사드린다. 그간 원고의 자료 정리를 도와주신 김유리, 서은정, 심지수 선생님, 오랜 기간 동안 내 글을 연재해 주신 화순전남대학교병원 의생명연구원의 이지신, 김형석 연구원장님, 최소형, 허 철, 김삼희, 정나겸 행정팀장님, 그리고 백자영, 권혁신, 박초하, 구 진, 김종한 선생님께 감사의 마음을 전한다. 또한 소중한 제럴드 무어 앨범의 사진을 제공해 주신 김재민 교수님께도 깊이 감사드린다. 특히, 글 한 편이 나올 때마다 늘 꼼꼼히 모니터해 준 전남의대 핵의학교실의 송호천, 권성영, 김자혜, 유수웅, 강세령, 이창호, 조상건, 박기성, 문장배 교수님께도 감사의 인사를 드린다.

무엇보다 이 글을 쓸 수 있도록 곁에서 늘 힘이 되어 준 나의 가족에게 특별한 고마움을 전한다. 내게 바이올린을 가르쳐 주시며 삶을 음악으로 풍요롭게 채워 주신 아버지와 어머니, 내 바이올린 실력을 은근히 자랑스러워하셨던 하늘에 계신 장인어른, 늘 책과 함께 하며 독서의 즐거움을 알려주신 장모님, 족집게 같은 코멘트로 글의 소재를 건네준 아내, 그리고 우리집에 사랑의 공명을 만들어 준 자녀들 유현, 정현, 세용, 민율, 내 삶의 60년을 함께 걸어온 모든 가족들께 이 책을 바친다.